禅と哲学のあいだ

平等は差別をもって現れる

形山睡峰
Katayama Suiho
茨城県かすみがうら市
無相庵・菩提禅堂堂主

佼成出版社

はじめに

差別と平等ということが、現代人の心に引っかかっている一番の問題だと思う。我々個人がいかに生きるかという問題も、社会をいかに住み易くするかという問題も、国の内外における政治的な問題も、すべて差別と平等の考え方にかかわって問われてきた。

一般には差別は悪いことで、平等は良いことに思われている。多くの主張が、まずはそのことを当然の真理としたうえで、述べられている。それは「ほんとうだろうか」というのが、私の疑いの始まりだった。

道を歩いていれば、何かにつまずいて転ぶことがある。事故に出遭うことがある。上手にやりたいのに、失敗することがある。人々に認められたいのに、だれからも無視されることがある。私は十代の半ばころから、どうして人生にはこんな不条理なことが多いのかと思って、迷っていた。転びたくない、事故に遭いたくない、成功したい、誉められたいと、だれでも願っているに違いないのである。

ところが、戦後生まれの子供がまず教えられたことは、アメリカの大統領が、「天は人の上に人を作らず、人の下に人を作らず」といった言葉だった（福沢諭吉が『学問のすすめ』に引用）。人はみな平等に自由に生きる権利が天から与えられているという。私は他の言葉は忘れてしまったが、この言葉だけはいまだに覚えているのである。だから、自由にならぬことがあるたびに、人生に不満を思った。他人は平等に自由に生きているように見えるのに、自分だけは差別されて不自由に生きているように思った。しかしまた、疑ったのである。平等がほんとうに正しいことなら、どうして世の中に不平等があるのかと思ったからである。

二十代の初めに禅の道場に入門したのは、「差別のない平等は悪平等だ」と教えられたからである。後に、平等は差別と別々にあるのではなく、平等が現れるときは、つねに差別の姿をもって現れてくるのだと気づかされた。

仏教はこのことを、深い哲学的な道理を駆使して説いてきた教えである。現代のわれわれは、西洋的な哲学思考ばかりで人生を考える。鈴木大拙博士は、東洋的思考の深さを世界に紹介して、西洋の哲学界に大いに影響を与えたが、現代の日本人は、そのこともすっかり忘れている。仏教はまた、仏教学者だけが知る専門事項になっている。

仏教の言葉は多くが、相対的な表現で説かれてきた。相対的に見ることを通して、そこに二つに分かれる以前の、絶対の働きのあることが予感されたからである。そして、絶対相対の外にひとつの真心が働いていることを悟ってきたからである。ここに、互いに相反する言葉をあげて、そのなかから、二つに分かれる以前の真心が現れてくるところを証してみたいと思う。仏教の哲学的思考から、人類を真に叡智ある創造者に為しゆく道が、大きく開かれてくると信じるからである。

本書は、月刊『大法輪』二〇一五年一月号から二〇一七年五月号まで連載された「仏心を問う」を単行本用に著者が加筆修正してまとめたものです。

カバー装幀（山本太郎）

禅と哲学のあいだ

――平等は差別をもって現れる――

目次

第一章　一切衆生を救うために迷ってゆく

色即是空　空即是色

「色（物質的な現象）は即《すなわ》ち是れ空《くう》（空っぽ）、空は即ち是れ色」とは、『般若心経』のなかでもよく知られた句である。この句の意味を知識で理解しようと思えば、なかなか難しいのだが、一般には以下のように解釈されることが多い。

「物はつねに変化して瞬時も同じ相《すがた》をとどめることがない。今を時々に新たにすることで相を現しているばかりである。つまり、固定された物があるように見るのは間違いで、実体をとどめない空であることが、すなわち色（物）の真実の相なのだ。空とは、その事実を見ていったのだ」と。

実は、この解釈は物の在りようを外からみたもので、物の本質を述べたものではない。物が瞬間にもとどまらないで変化しているのは、そこにどんな力が働くからなのか、その動力の元になっている働きのことが明かされていない。

また次のように説く者がある。

「飛行機のプロペラがフル回転しているときは、あたかもプロペラがないように見える。そのように、今行為していることに成り切って、一念も雑念がなく三昧になっている。そのような状態を空というのだ」と。

この解釈もまた、外からみた状態をいったもので、プロペラにどんな力が働いて回転するのか、その動力の元の原因を説いたものではない。しかし、今なす事に成り切って無心（空）に行えば、人生が真実になるように説く者は多いのである。もしそれでよいなら、女色や金銭を欲して夢中になり、他のことを少しもかえりみない者がある。また、泥棒や人殺しに我を忘れて懸命《けんめい》な者もある。こんなフル回転も空の結果ということになる。これでは、ずいぶん身勝手で迷惑な空である。

空と慈悲

「空が仏教の要《かなめ》の道理というなら、その空のどこから慈悲が出てくるのか」と問うた人がある。物は常に変化して刹那も実相をとどめることがないから空という。そんな空を自覚することと慈悲を行うことは、それぞれ別の働きかと訊いたのである。

慈悲は一切衆生を済度して止まない心である。この世に一人でも苦しみ悩む者があるかぎりは、決して自らの安心を願わないと誓った仏の心である。だからこそ、「空という事実を人々に悟らせるため、慈悲の心を起こしてゆくのだ」というなら、慈悲と空と二つに分けてみたことになる。

慈悲と空と意味が異なるのなら、改めて、慈悲はどこから起こされてくる心かが問われねばならない。「慈悲は仏心から生じてくる」というだろうか。むろん、仏教はその仏心を、いかなるものかと問うてきたのである。仏心を問うて、ついに色（物）の本性は空で、その空が働くときは慈悲にならざるを得ないことを悟ってきたものである。

唐の時代に、趙州従諗《じょうしゅうじゅうしん》禅師（七七八〜八九七）が木魚《もくぎょ》のことを詩に詠《うた》って、「（叩いて）音が出るのは、すべて中の空っぽが貴いのだ」といった。（『趙州録』）

木魚は中が虚ろになっていなければ良い音がでない。太鼓や鼓もそうである。いわば、空っぽであることが音の響く本になっている。空気中でも間《あいだ》に何もなければ、遠くまでよく見通せる。ガラスは曇りなく透明であるほど、景色をあるがままに透かして見せる。川の水底がはっきりと見えるのは、水が無色だからだ。器が空っぽだと、何でも入れることができる。みな空っぽのお陰で、いっそう物の働きが尽くされてゆく。「何と空っぽであることの貴さよ」といったのである。

趙州は、我々もそうではないかといった。身体に何の不調もないときは、だれでも元気である。心に何の迷い苦しみもないとき、みな晴れ晴れとしている。身心が健康なときは、外から足すことも引くこともいらない。プラス・マイナスゼロのときが一番満ち足りている。空っぽ（空）であることがそうさせるのである。

空っぽが働くから、物はみな真実になっている。空即是色とはそういう意味である。大自然のもので、自らの真実を尽くさないで存在しているものは、一つもない。人間も自然のなかの生物の一種として生れてきた者であれば、人間だけが外れて、自然に偽って存在することなどできるはずもない。ただ、その真実に気づかない者が、いつも不足を嘆いているばかりである。

老若男女の違いや生まれ育ちにかかわりなく、命は平等に及んでいる。命の本性が空っぽだからである。空っぽで偏《かたよ》ることがないから、どんな差別相にも自在に及んで欠けることがないのである。そんな空の在りように、古来仏者は、無量の大慈悲を見てきたのである。

差別と平等

およそ、この世に在る物で平等な物は一つもない。みな個々に差別をもって現れている。

たとえば機械で大量に作られた茶碗で、姿かたちは同じ物であっても、仔細に比べてみれば、どこかが微妙に異なっているものである。風に吹かれる木々の葉は、一つとして同じ揺れ方をするものがない。そのように、人間も同じ者は一人もいない。同じ両親のもとに生まれ育っても性格や嗜好がそれぞれに違う。兄弟だから同じ考えだろうと思っていると、まったく反対の意見を主張されて大喧嘩になることがある。スポーツ競技などは、一瞬の動きの差が勝敗を決するから、選手はだれも同じ動きに止まることが許されない。

世界に生じる事象のすべては、必ず他と異なった差別相《さべつそう》を現すことで、個々を具体的に証してきたのである。刹那も他と同じ状態に止まれば、すぐに生命力を失ってしまう。それが、この世に現れた物の真実なのである。

平等が現れるときは差別になる

では、平等はどこにもないのだろうか。そうではない。実はどんな差別相も、すべて平等性に拠って現れているのだ。たとえば、だれでも「時」の流れに与《あずか》ることで生命体となっている。全宇宙にある物いっさいがそうである。「時」の流れを外れて存在し得るものは、一つもない。「時」は万物に平等におよんで、万物を在らしめる原動力となっているのである。

ところが、そんな「時」の平等性が個々のうえで具体的に姿をみせるときは、必ず差別相となって現れてくる。だから個々人の「時」の差が、生き方の違いになってゆく。それぞれの時間が一人として同じではないから、百年を超えて生きる者もあれば、若くして亡くなる者もある。人によって同じ二十四時間が、長かったり短かったりするのである。

「命」の個々における在りようも同じである。「命」もまた絶対の平等性をもって一切衆生に及ぶものだが、それを具体的にみようとすれば、つねに差別の相《すがた》をもってみるしかない。たとえば「私」という個人に限定された者としてである。

我々はつい、平等に実体があるかのように思って、「人類はみな平等」などというが、平等な実体はないのである。平等はただ、個々に限定された差別相をもって現れる他ない。

もし世界に差別しかなければ、平等を考える者はいないだろう。また世界に平等しかなければ、差別をいう者もないだろう。だから我々がわざわざ平等をいうのは、必ずそこに差別をみるからである。差別をみて、内なる心に平等を思うからである。なぜ、差別をみると平等を思うのか。「時」や「命」と同じように、平等が我々の本性だからである。我々の思いが刻々に変化して、つねに差別に働くのは、本性に具わった平等性に拠る。その平等性が差別（様々な思い）をもって現れることは、心も同じなのである。

異（差別）と類（平等）の中を行く

差別と平等を説くことは、なかなか難しい。そこで古き唐の時代に、こんな問答があった。

趙州禅師が、師の南泉普願《なんせんふがん》禅師（七四八～八三五）に問うた。「異（差別）のことは問いません。類（平等）とはどういうものでしょうか」と。南泉はすぐにかがんで、犬のように大地に手をついた。とたんに趙州は南泉を足で踏み倒した。その後、趙州はしきりに、「残念だ、残念だ」と叫んでいる。南泉が人をやって、「いったい何が残念なのかね」と問わせた。すると趙州は、「もうひと踏みしてやればよかったと思ってな」と答えたという。（『趙州録』）

弟子の分際で師を踏み倒しておきながら、まだ踏み方が足らなかったと叫んでいるのだから、何という非常識な者であろうか。

南泉禅師はつねに、「人は異と類の真ん中を行じてゆかねばならぬ」と説いていた。そこで趙州は、世界は差別相に充ちているのに、差別と平等の真ん中などを持ち出して、いったい真ん中がどんなものか知っているのかと訊いたのである。南泉は犬の真似をして、いっさいの差別が大地を離れては存在し得ぬことの平等を示した。趙州は、早や差別と平等と二つに分けてしまったではないかと、南泉を蹴飛ばして差別と平等の思いを一気に打ち砕いた。だが、それだけでは、今度は真ん中を実あるもののように示した感を免れない。

そこで趙州は更に、「もうひと踏みしておけばよかった」と叫んで、異も類も真ん中も一気に否定した。どんなに差別平等を上手に説いても、みな認識上の産物である。真実の者ならどちらにも関わらぬ真ん中を行く。しかし、そんな真ん中があると思ってしまうと、又真ん中が周辺に対する差別になってしまう。差別と平等は、このように元来、簡単な問題ではないのである。

生と死

生きている限り、いつか必ず死なねばならぬ。死を逃れることだけはついにできぬ運命《さだめ》にあると、だれも内心ではよく知っている。だから、せめて生きている間はその事実を忘れていたいと思う。死が意識されるのは生命が危ういときだから、我々は日々に、死を思わないで生きられるように努めてきたといってもよい。

反対に死が身近に迫ったとき、なお生きることに執着しているなら、悶え苦しまねばならぬ。そのことを、みな内心ではよく知ってきたから、いかにして生を忘れてゆくかが、死を迎えたときの一番の問題となってきた。

生きるときは死を忘れなくては生きられないが、死ぬときは生を忘れなくては死ねないのである。

一般に、老いてから徐々に死が近づくように思うのは、錯覚である。思いもよらぬときに、思いもよらぬ病気や災難に出会って死ぬことは多い。そんなときに、忘れるも忘れないもないだろう。第一、己を顧みる暇はないのである。

もっとも、どんな年齢で死のうとも、まさに死なんとする刹那には、だれも己を顧みる暇はない。死ぬのは己ではないからである。死は我が肉体に与えられてきた、生きるための諸条件がすべて尽きることであろう。されば、己の意志の及ぶところではないのである。

別に働く者は何か

我々の肉体を生かすためには、およそ三十七兆余の細胞が休みなくフル稼働しているのだという。膨大な細胞量だが、その細胞同士は互いに混線せず、間違わず、個々の役目を過不足なく尽くすことで我々の肉体を生かしている。そんな精妙な働きのすべてが止まって、初めて死に至るのであれば、我々の思いで生きたり死んだりするようなものではない。たとえ自殺しても、肉体を形成してきた細胞組織のいっさいが止まらなければ、完全に死んだことにはならぬ。生き死にしているのは、己の思いを超えた別の働きによっているからである。

問題は、そのように己の思いを超えて働いている、その別な者とは、いったいどんな者かということであろう。

ほんとうは、我々が死を恐れるのは、己のはからいで死ぬのではないことをよく知っているからだと思う。死は己の意志のまったく届かない、見たことも行ったこともない未知の世界から、望みもしないのに否応《いやおう》もなく迫ってくるのである。しかも確かな殺人力をもって、決して外すことなく襲ってくるのだから、これほど怖い存在はない。

どこか別の世界に、我々の生死をつかさどる、なにか霊のような者があるのだろうか。むろん別の世界の霊などはない。我々がいま生きている、この肉体を離れて、別に働く者などないのである。生を在らしめている、その働き自体が、即座に死をも在らしめている。存在するということは、そういう問題なのである。

死んで生きている

もし生きるところに即座に死が働いていないのなら、我々はもう、死ぬことができないのである。死ぬことができないなら、結構なことに思うだろうか。しかし、もし死ぬことができないのなら、実は生まれることもないのである。生きることと死ぬことは一如で、不即不離なものだからである。昨日の私がすっかり死んで実体をどこにも残さないでいるから、今日の私が正しく生きられている。

たとえば、昨日の私が死んでいなかったら、どうであろうか。昨日の私が残っている場所には、今日の私を入れる余地はないことになる。昨日の私が残っていて、今日の私を入れる余地がないというなら、それはふつう、昨日に私が死んだというのである。昨日の私が死滅して、どこにも姿かたちを残さなかったから、今日の私が新たに生まれている。生きるとはそういうことで、何年か生きた後に死があるのではない。刹那に死滅することが刹那に生きる力になっている。生死がすき間なく連続している。その働きようが止まらない間は、だれも今を生きているのである。

だから、京都・妙心寺のご開山、関山慧玄《かんざんえげん》禅師（一二七七〜一三六〇）は言われた。

「慧玄が這裏《しゃり》に生死《しょうじ》なし。（私のところには生き死にはないよ）」

と。

生き死にさせる働き自体に実体はないが、生死させて止まない力がある。そんな大本の力が、生にも死にも刹那も止まらないでいるから、刻々が新たにされてきた。肉体の方は、有効期限が尽きて終わることがあっても、この生死の連続性だけは永遠に尽きることがない。関山禅師は、そんな実体なき永遠の働きをみて、「生死無し」といわれたのである。

死ぬときは、己一人が死んでゆくように思う。そうではない。己が死ぬことで即座に新たな命を生む大本の力になっている。そう気づいてゆくなら、だれも生きること死ぬことの意味が、新たにされることだろう。

迷い（煩悩）と悟り（菩提）

一般に、厳しい修行の果てに禅を悟った者は、もう迷わないで生きるように思われている。そうではない。仏典にも祖師方の語録にも、そんな風には説かれていない。説かれているのは、「煩悩即菩提」ということばかりである。迷うことと悟ることは別のことではない。一如だというのである。

古来、祖師方はみな、迷い心の生ずる元をたずねて、心の元が何かを悟ってきたのである。心の元を本性とも自性とも仏性とも、また霊性ともよぶ。悟ってみると、我々はだれも、この性《しょう》がなくては刹那も存在し得ないという事実に、直面させられた。そして、心の本性を明らかに悟った者はみな、この性の働きは、つねに迷いの中でしか証されないことに気づかされた。迷いの外に悟りだけが単独で露わにされることはないのである。だから「煩悩即菩提」、迷うことがまた、そのままで悟りの具体だと説かれたのである。

生きることは、即ち迷うことである。生きているとき、我々は一歩踏み出すたびに迷うのである。他と比べることで自己確認しようとするからである。自他の善し悪しを比べては、どちらが自分に適当かを、瞬間に選んでいる。そのとき何も思わないで、無心に決断できることは稀である。だから後で、「あのとき、こうしておけば良かった」と、何度も反省することになる。

そんな風に、日々に迷いながら生きてきたことを、だれもよく知っているのである。だからまた、内心秘かに、迷わないで生きたいと願っている。人が悟りの境地を求めてきたのも、その故である。真に悟っていっさいの迷いが払い尽くされれば、あらゆる人生の煩わしさが解放されるように思ってきたからである。

日本的心性への憧れ

迷ったり苦しんだりするのは、煩わしい。それを煩悶《はんもん》というが、思い通りにならぬことは、心の悶《もだ》えとなる。どうすれば、不安のない生き方ができるのか。今よりもっと楽しくて幸せでありたい。我々はそう願って、結局はいつも、経済的な豊かさのなかに幸せを求めてきたように思う。しかし今、鎌倉円覚寺の日曜坐禅会には、四、五百人も参加するそうである。物が豊かになっただけでは、心が充たされないと気づかされているのだ。地位や名誉や財力を得た者が、人生の成功者のように思われていたときがある。それより、もっと別の価値観があると感じられているのだ。

無論、坐禅する人が増えているのは、それだけ迷う人が増えている証拠でもある。社会に不安な状況が増えているからであろう。しかし、ほんとうは、感性の底にしまわれてきた日本的心性への憧れが、ようやく現れてきたのだと思う。明治以来、あまりに長く西洋的な価値観に染められ、日本人であることさへも忘れ去られようとしてきた。それが今、身の丈の合わぬ衣裳を着ていたことに気づいたように、徐々に気づかされている。

このことは日本人だけの問題ではない。この頃、世界各地で民族的な動乱がさまざまに起こされるのも、西洋文明の価値観から本来の伝統的な心に戻ろうとする意志が強くなってきたからだと思う。

仏が迷っている

目前の煩悶に堪えられないから、その原因を壊したり滅ぼしたりしようとする。また新たに作り直そうとする。戦争も多くは、これによって起こされてきたものである。しかし、もし我々が、そんな深刻な煩悶の原因を余所《よそ》にみないで、己の本性の問題と気づくならどうであろう。

中国は唐末の時代、趙州従諗禅師が、「仏は即ち煩悩（迷い）、煩悩は即ち仏」と説いた。仏性を悟った仏が迷っている。迷っている者は仏なのだといった。そこである僧が訊いた、「仏は誰のために迷っているのですか」。趙州は、「いっさいの人の為に迷うのだ」と答えた。僧が訊いた、「どうしたら、そんな迷いを逃れることができましょうか」。趙州は答えた、「迷いを逃れて、どうするのかね」と。

先に、生きることは迷うことだといった。我々凡人は日々に迷って、悟りなど別人のすることと思っている。ところが、そんな風に己が迷っていると知る心は、迷っている心だろうか、悟っている心だろうか。

迷わない心で見なければ、迷っていることに気づかない。悟らない心で見なければ、悟っていることに気づかない。迷いの中では迷っていることにも気づかない。悟っている中では悟っていることにも気づかない。迷っていることを知っているから、悟りを求めている。悟っていると知っているから、迷いを除こうと思っている。

心に迷いと悟りの差別心がなければ、迷いも悟りも認識されないのである。だから趙州は「迷いを逃れて、どうするのかね」といった。迷っている心に、悟りの心がある。悟りの心に、迷いの心がある。されば、迷いを嫌わず悟りを好まず、一切衆生の迷い心悟り心と共になっている。禅者はそこに、迷いでも悟りでもない本性の真が自在に働いていることを見てきたのである。

嘘と真《まこと》

昔から、嘘をつく者は悪人で、正直者は善人のようにいわれてきた。ほんとうだろうか。嘘をつくことで、世間と上手に折り合いをつけて来た善人もいるのではないか。むしろ嘘が下手だったばかりに、世の中で失敗してきた悪人もあるのではないか。

己の正直さを主張して、相手に我意（エゴ）を押しつけている者がある。嘘をついて、人や社会を円滑にさせる者もある。嘘つきは悪人で正直は善人というばかりでは済まないのである。無論、嘘つきが悪人のようにいわれるには理由があった。古来、嘘をついて人や社会を乱してきた者は多かったからである。長い歴史のなかでくり返されてきた、そんな悲惨な体験が、我々に嘘をつくことは悪いことに思わせてきた。

信じられたくて嘘をつく

しかし、なぜ人は嘘をつくのだろうか。嘘をつけば他人を騙《だま》すだけではなく、自分も騙すことになる。だれだって、人に嘘つきと思われたくはない。人には信じられたいと願っている。また嘘をつくような自分を、喜ぶ者もいない。だから我々の本心は、真《まこと》を求めているに違いないのである。嘘つきな自分は嫌いなのである。ただ、どうすれば嘘のない生き方ができるのか、その方法が分からない。それで、つい嘘で誤魔化《ごまか》しては、自分も他人も傷つけているのである。

実は、何としてか人に自分を信じさせたいと思うから、嘘をついている。自分のいうことは嘘ではない真実なのだと、嘘をついてでも信じさせたいのである。人の真心に通じさせれば疑われないことを、内心ではよく知っているのである。

一般に、真実を述べれば人に信じられ、嘘をつけば疑われると思われている。ほんとうにそうなら、だれも嘘はいわないだろう。嘘をいわねば通じないことがあるから、嘘をついている。我々は、言葉だけでは事実が正しく伝えられないことも、よく知っているのである。

言葉で表現されることは、すべて人間だけに通用する概念である。人間以外の価値観を持っているものには通じない。どんな事実も、一度は頭脳上で意識的に人間社会に通じる価値を付されてから、言葉に置きかえられる。だから、言葉は事実そのものではないのである。たとえば「私」のことを、英語では「アイ」とか「ミー」とかいう。ドイツ語やフランス語では、また違う呼び方になる。言葉が異なれば、「私」の呼び方も異なってくる。このことは、言葉が概念を現すだけで、実際の私自身とは無縁なことの証しでもある。

仏教は始めから、言葉に実体はない、幻化《げんけ》だと説いてきたのである。言葉でいわれることが事実と思うから、言葉に捉われて迷ってしまうのだといってきた。もっとも、仏教だけがそういってきたのではない。我々自身が始めから直観的に、その事実を察してきたことでもある。どんなに真実を語っても、信じられないときがある。言葉ではない、その人が信じられないのである。また嘘をついたのに信じられるときがある。言葉よりその人が信じられているのである。言葉だけでは足りない。人から信じられていないと通じないことを、みな長い体験のなかから実感してきたのである。

嘘をつく者も正直にいう者も、人に自分を信じてもらいたいために、そうしている。信じてもらいたい思いは、嘘つきも正直者も同じひとつ心なのである。ひとつ心なら、それは真の心である。真の心は信じて疑わない心をいう。嘘であろうと正直であろうと関わりなく、ただ信じられてゆく心である。それはまた、限りなく人を信じている心でもある。

眼は見る耳は聞く

中国は唐の時代に臨済慧照《りんざいえしょう》禅師（?～八七六）は、「眼は見る、耳は聞く、鼻は香りをかぐ、口は談論する、手は物をつかむ、足は歩いたり走ったりする。本来この働きは精明な一つ心が無（空っぽ）となって分かれたものだから、無となっておれば随所に悟ってゆくのだ」（『臨済録』示衆）といった。

柳は緑、花は紅《くれない》とみる眼の働きようは、嘘つきも正直者も同じである。鐘の音をゴーンと聞き、雀の声をチュンチュンと聞く耳の働きも、同じである。線香のにおいを線香のにおいとかぐ。話せば口が動き、手を使えば物がつかめる、足を運べば前後に進む。この働きに嘘も正直もない。だれにも具わった自由な働きである。心は本来、何ものにも捉われない無（空っぽ）だから、そんな風に働くことができている。

人を信じたい、人から信じられたいと願うなら、嘘をついたり正直に言ったりする心の本に、疑いなき真の心がある。そのことに気づけば、もう随所に真実を行じてゆくばかりだと臨済はいったのである。

第二章　富士山が水上を歩いてゆく

我と他

人はだれも、我《われ》が我がと思う自意識に縛られない、自由な心で生きたいと願っている。何かするたびに、自意識が現れて、一息一息の呼吸すら意識されないでは済まないようなら、苦しくて仕方ない。あまりに自意識が強すぎると、死んだ方がましのように思う者もある。それほどでなくとも、日々の思いの煩わしさに苦しんだことは、だれにもあると思う。

どんなときも携帯を見ていないと落ち着かない者がある。いまは電車の中でも、大半の人が携帯を見ている。あれは、懸命に「我」を忘れようと努めているのである。何も思ったり為したりすることがないとき、そんな無為の「我」に堪えられないで、逃げようとしている。退屈とは、そういう状態をいう。だから、何としてか無為を知る「我」の自意識を離れ、退屈な「我」を忘れていたいと願っているのである。

しかし、忘れるといっても、まったく意識を失ったような心神喪失では困る。楽しいときには、楽しさがちゃんと自覚される「我」でありたい。しかし苦しいときは、できるだけ苦しさが意識されない「我」でありたいと願っている。意識がないのも嫌だが、あり過ぎるのも嫌なのである。我々の自意識に対する思いは、なかなか身勝手である。

なぜそんな身勝手を思うのか。日々に、自他の思いのあるなしが、我が心の苦楽に関わることを体験してきたからである。例えば何かに夢中になっているとき、「我」は自他の思いをほとんど失《な》くしている。反対に自他の思いが意識されるときは、思いが無数に湧いて、「我」に少しも集中できないでいる。映画を観ても、「我」を忘れて観るときは面白い映画である。椅子の具合や時間の長さが気になって「我」があるときは、退屈な映画である。無論、面白いか退屈かは観る方の思いによるのであって、映画の善し悪しによるものではない。それで、何に対しても夢中になれることは楽しく、夢中になれないことは苦しいことのように思う。

日々にこんな体験をくり返してきたから、だれも夢中になれることを求めて止まないのである。

我思わず、故に我なし

ところで、私は以前、真っ暗闇の部屋に入ったことがある。真の暗闇（我に相対するものが何も得られない状態）のなかでは、ただ、何も見えないと思う自意識だけが残されているものである。それで私は、我を思うことを止《や》めてみた。すると、私が動いているのか止まっているのかも分からなくなった。我を思う意識がないときは、暗闇と我の差別もなくなって、ただ暗闇だけがある。そう気づいて「私はいま暗闇になっている」と思ったとたん、我が自意識も戻ってきた。

思いがあるときは「我」が意識されるが、思いがないときは「我」はない。「我思う、故に我あり」だが、「我思わず、故に我なし」なのである。

思うから、そこに我が意識されてくる。その思いは、決して単独で生じることがない。必ず我に相対するもの、他があって始めて生じてくる。他がなければ、我と思う意識も生じないのである。我と他は別々にあるのではなく、共に親しく支えあうことで成り立ってきた。元来、自他はつねに一如になって存在してきたのである。

我も他も忘れるほど夢中になっているとき、思わず充実を感じて楽しいのは、自他一如になっているからである。我と他は別々のものと意識されているとき、人生が苦しく感じられるのは、我と他を別々にみることが錯覚だからである。自他一如の存在なのに、他と離れた別の者として我を確認しようとするから、幻化《げんけ》の我をみることになった。そんな幻化の我を、真実の我のように思い込んでいるなら、結局、迷ったり苦しんだりするほかないのである。

我は、思いのうえだけで捉えた認識上の我である。そして我々は、認識上の我は幻化だということを、内心ではよく知ってきたのである。だから、いつも「己とは何か」を問うて、真実の我を求めて止まないでいる。

なぜ、我と他と別々に見ようとするのだろうか。実は自他一如で存在していることは、認識上では捉え得ぬからである。我々は命と一如だから、命自体を見ることはできない。それと同じで、自他一如の我を見ようとすれば、どうしても幻化の我として認識上で見るほかない。

道元禅師は「一方を証《しょう》するときは一方はくらし。（一方を確認〈差別〉すれば、他方が暗黒〈平等〉になる）」（『正法眼蔵』現成公案）といわれた。我を思えば、かえって本来の自他一如（平等）が隠されるといった。本来の我は無量である。我は全世界と連なり、永遠の宇宙とも連なり、すべての他と共に一如になって存在してきた。それで、我々は思うたびに、一如になっている我を見たいと欲して止まらないでいる。我々が他を通して我を求めようとするのも、ただ自他一如になっている真実の我に出会いたいとの切なる願いが、そうさせるのである。

明と暗

前に、真っ暗闇の室内に入ったときのことを述べた（35頁）。真に暗黒の中にあって、我に相対するものが何も得られないときは、自分が動いていて自分が動いていることが分からないという、面白い体験をした。

我々が己の動きを自覚するのは、己の動くにつれて周囲の景色も移動するからであった。己が動いても景色が移動しなければ、己の動くことも分からなくなる。だから反対に、己が止まっているのに景色が動くと、己も動いているように感じてしまう。隣の電車が動き出したのに、自分の方が動き出したように思った経験はだれにもあろう。隣の電車が去って、周囲の景色が止まっていることに気づいて、急に錯覚だったことを悟る。

こんな体験から、私は、見ているつもりで見錯《みあやま》っていることがどれほどあろうかと思うようになった。他の人も同じ錯覚があるに違いない。そう思うから、一度は真っ暗闇の体験をした方がよいと、みんなにも勧めてきた。ところが、真っ暗闇の状況に、現代人はなかなか出会えないのである。どんなに室内を真っ暗にしても、どこかに電気機器の待機灯が小さく光っていたりする。また街灯の明かりも入ってくる。

一つ命を同じくする者

長野の善光寺には、御本尊をお祀りする堂下に「胎内巡り《たいないめぐ》」という通路が設けられている。その中に入ると、参拝者はみな文目《あやめ》も分かたぬ暗黒世界を体験する。しかし、それは私がいう真っ暗闇ではない。「胎内巡り」は、手で壁を探りながら巡るので、思いが触覚に頼ってしまう。また、先に入った人たちの話し声や気配がいっぱいにある。五官（眼・耳・鼻・舌・身）に触れる物はまったくないというような、真っ暗闇は体験できないのである。

私が体験した真っ暗闇は、まだ足裏に畳の感触があった。それでも、この闇の果てはないような不安が生じた。それで手探りのうちに壁に行き当たり、電気のスイッチに触れたときは、ホッとしたものである。

明かりの中に戻ってみれば、室内は何でもない単なる畳の部屋だった。しかし、この体験には気づかされることが多かった。身体に受けた情報を意《おもい》の上で認識することで、始めて己と意識されるのだということを、改めて知らされたからである。身体への情報を失った真っ暗闇では、意が働かなければ「我」という自覚も得られないのである。ところがまた、意が働かなくても、「我」が無くなるわけではないことにも気づかされた。

真っ暗闇で己の姿も見失い、意もまだ働かず、「我」という自覚も生じないときは、「我」は闇と一如になっている。

明かりがつくと闇は消えて、我が露わになる。しかし闇と一如だった「我」が、それで消えたわけではない。露わにされた世界を身体に受けた、その情報を意識上にまとめた我だけが現れた。だから、身体に情報として受けていないものは、始めから闇の中にある。身中の臓器の大半は、一度も闇の外に出たことがない。闇と一如になっていることの方が本来の働きなのである。だから、明かりが消えれば、すぐに「我」も闇になってゆく。

一切衆生が存在する、その在りようもこの事実と同じである。衆生がここに在るのは、みな「一つ命」のなかでのものである。「一つ命」のなかでは、衆生は命を同じくする者として個々の差別を無くしている。一切衆生を在らしめようとして止まないでいる「一つ命」のなかで、平等になっている。しかし、その「一つ命」が具体的に姿を現すときは、みな個々に異なった差別相をみせて現れる。しかし、それで「一つ命」の平等性が消えたわけではない。五官に捉えられた部分だけが、差別となって意識されているばかりである。五官に捉えられぬ部分は、始めから平等性のなかにある。だから、夜、夢も見ないでぐっすり眠っているときは、だれも差別をなくして、平等に「一つ命」のなかにいる。

明は暗によって証される

「白馬蘆花《ろか》に入る」という禅語がある。真っ白な芦原《あしはら》のなかに白馬が入っているが、芦原の白色と一如になって馬がいないように見えるという意味である。しかし白馬が消えたわけではない。白色に隠れることで、白馬がかえって安心して生きている。禅者は、差別と平等のかかわり方を正しく捉えることが、存在自体を安心させる一番の道と確信してきた。それでこんな禅語が作られた。

また明と暗でも差別と平等のかかわり方をみてきた。昔は電気がなかったから、真っ暗闇の体験は日常だった。それで、暗黒が平等性の象徴として捉えられ、明るさが差別の具体と実感された。明と暗は別々のものではない。暗闇があるから明るさが意識され、明るさがあるから暗闇が意識されている。明は暗によって証され、暗は明によって証されている。明暗は一如になって働くことで、それぞれが互いに正しく現されているのである。

古来、禅者はこんな風に、存在を差別と平等のかかわり方のうえで捉え、かえってその先に、差別と平等に分かれる以前の「一つ命」を、悟ってきたのである。

「私」と「私」を支える者

我々が日々生きておられるのは、大地のお陰である。地球上のいっさいの物は、大地あっての存在である。空気のように大地と無縁のように見えるものでも、地球上にしかないことを思えば、大地に拠っての空気と知らされる。

柱を立てようとすれば、どこかに支えがなければ真っ直ぐにできない。水を使おうとすれば、何かの容器がなければ使えない。

どんな物も、何の支えもなくて単独で存在しうることは決してない。すべて、その物が存在するための、拠るべき支えがあって成り立ってきたのである。ところが、こんな当たり前の事実に気づかないで、己一人の力で生きたようにいう者がある。それで、「だれに迷惑をかけたわけではないから」などといって、自分勝手な行為を正当化している。考える力が失われているとしかいいようがない。

前に、携帯電話の画面を見ることに夢中になっている者は、ひたすら「我」を忘れることに努めているのだと書いた（34頁）。ところが、「その見方は誤っている。今の人たちは新しい情報に触れることで、より優れた者になろうとしているのだ」と評する人があった。携帯の情報など、情報といえるようなものではない。膨大な情報の一部を断片的に載せているだけのものである。むしろ、そんな細切れの情報を見て、社会や人間のことを知ったつもりになっていることの方が危うい。いよいよ考えなくなっているだけである。このことは、彼らに質問してみればすぐに分かる。情報の中身については何も知らない者が大半なのである。

だれでも簡単に情報が手に入る単純さに慣れて、感性も情緒も単純化されているようにみえる。情報を得るだけで、考えることがなければ、それは人間ではない。人間は、考えることで他の生物との違いを証してきた者だからである。

自他一如になっての「私」

たとえば、「私」と思う。そう思うとき、他とはまったく異なる「私」が、そこに独立してあるように思う。そう思うから「個性の尊重」とか、「個人の生きる権利」などといわれるのである。しかし「私」と「あなた」と、個々がまったく別々の者として存在しているなら、互いに交流し合うことなど、決してできないのである。「私」と思うためには、まず、そう思うための根拠が先になければならない。「私」と思わせる根拠が先に用意されているからこそ、それに拠って、始めて「私」という思いも意識されてくる。

一般に「私」の思いは、脳細胞の働きに拠っているように思われている。しかし脳細胞だけが勝手に自立して「私」を思っているわけではない。脳細胞を働かせる力が先にあるから、脳細胞も「私」を思うことができている。では、脳細胞を働かせている力は、何に拠って起こされるのだろうか。

脳細胞は必ず、我々に具わってきた身体器官（眼・耳・鼻・舌・両手両足・胴体）に、外から入ってきた情報を受け取ることで、意《おも》いを起こす。身体器官が外の情報を受け取らなければ、脳細胞の働きようはないのである。つまり「私」といっても、それは脳細胞と身体器官と外の情報が、共に一如となって意識されたものである。「私」という他とはまったく異なる者が、独立して存在しているのではない。外からの無量の情報に支えられて、始めて「私」なのである。

もっとも、外からの情報だけで「私」と思ってきたわけではない。私の身体が存在しているのは、身体を今日まで保ってきたものが先にあって、そのものに拠って「私」の思いも支えられてきたのである。我々の身体は空気と水と食べ物がなければ、保てない。また無限の過去からの、途絶えることなく継いできた先祖の血という遺伝子的な働きがなければ、今の「私」になってこられない。人間に生まれたのも、私が選んだわけではない。人間になるための遺伝子が、「私」に受け継がれてきたから人間になっている。

妙不可思議な調和力

更には、日本の自然環境も「私」を支えてきたものである。一年中乾燥した砂漠地帯に暮らすアラブ人や、氷に閉ざされて生きるイヌイットの人たちとは、我々日本人の身心の働きようは異なる。

あらゆる自然環境の力が、微細なものから広大なものまで無量に支えあうことで、「私」を創造してきた。環境は自然のものだけをいうのではない。両親や親族、故郷を同じくする知人友人、学校友達、仕事仲間たち、そんな人々が長い歴史の中で、先祖伝来の伝統的な生活を通して無意識のうちに身心に受け継いできた考え方、見方、生き方、それら膨大な環境情報がみな、総動員されて「私」になってきた。

だから、私の存在自体には、他とはまったく別者であるような孤立した「私」は、どこにもない。「私」以外の膨大な環境情報に支えられていなければ、刹那も「私」になれないのである。よくも、こんな膨大な情報を、「私」という一個のうちに調和させて、日々を不都合なく生きられるように為してきたものである。思えば、妙不可思議な働きというほかない。「私」と思う脳細胞の働きも、この調和力によってのものである。

問題は、そんな妙不可思議な調和力を働かせている、大本の主宰者は何かということだろう。古来、我々は大本の主宰者のことを、天とか神とか仏と呼んできたのである。しかし天も神も仏も、人間の思いのなかだけで想像され、名付けられてきたものである。言葉や思い、身体を離れて、調和力の主宰者その者に、直接出会っての呼び名ではない。それで今に至るも、人はだれも、この主宰者の不思議に直《じか》に触れたいと願って止まないでいる。思いを起こさせる確かな根拠が知れないと、生きることの不安が去らないからである。

正受と不受

一人の僧が雲門文偃《うんもんぶんえん》禅師（八六四〜九四九）に問うた。「諸仏はどんな風に姿を現すのでしようか。」禅師が答えた。「東山《とうざん》が水上を行く」と。

雲門禅師は、雲門山（広東省）にある光泰禅院に住した僧である。東山は雲門山を含む山々の総称であろう。その麓を流れる河面には、いつも山並みの姿が映し出されていたのである。そのことを持ちだして、禅師は諸仏の姿がこの世界に現れる具体的な在りようを吐露《とろ》された。

無論、実際に山が水上を歩いたわけではない。山と水の在り方に、諸仏の働きようをみて、このように答えたのである。山は自らを水に映そうと努めたことはない。水も山を映そうと図ったことはない。第一、水に山を映そうとする意志はない。ただ、光の反射作用が水面《みなも》を鏡のように為すから、山を映すことになっただけである。しかし雲門禅師は、水上に映る山の姿を見るたびに、物がこの世に現れるときの真意が露呈されていることを見たのである。自らは努めも図りもしない、ただ無心の存在なのに、向かい合うと互いに映し映されあっている。そこに、深い働きが貫いていることを悟ってきたのである。

否定させるものがある

我々が景色を見るのは、見ることで己を否定しているのである。眼に映った景色を受けることで、刹那に己を無くしている。景色を心に受けると、前に映していた景色が去って、心が新たな景色になる。見るとは、そういう働きである。いま目前の景色を受けることで、新たな己になり、受ける以前の己が否定されている。

我は他とまったく無縁に、単独の個として存在してきた者ではない。必ず他と関わりあうことで我になってきた。我に他を取り込まねば、我がここに在ることが確認されないからである。我々は、つねに他を通して自己確認してきたのである。つまり他をもって我を否定してゆかねば、我を生きられない。他を一寸も受けないで生きられるような者は、一人もいないのである。だからいつも、我の場所に他を取り込んでは、我を否定することで我が生を確かにしてきた。我を否定すれば、我がなくなるように思う人は多いが、逆なのである。我を否定するほどに、我の在ることが、いよいよ確かにされてきたのである。

たとえば夏になれば、大地は草々の繁茂である。しかし草が生えるのは、草だけの単独の力ではない。土中に含まれる多くの養分や水、空気や光の力に与《あずか》っての繁茂である。草は自身の本分を否定して、土中の養分や水や光を取り入れることで、かえって草自身の繁茂力を大きくさせてゆく。もし、外から与えられる物をいっさい拒否して、自身だけを頑《かたく》なに守ろうとすれば、すぐに枯れて終わるだろう。それだけではない。もし草々がみな、外からの物で自身が否定されることを拒否したなら、土も水も光も空気も用がなくなってしまうから、結局、自然は滅びるほかなくなるのである。

この世の物はみな、互いに他をもって自身を否定しあうことで、確かに存在してきたのである。水上に映る山をみて、雲門はそのことを思った。そして互いに自身を否定しあうのは、そこに必ず、否定させるもの（主宰者）が働いていることを思った。仏教者は古来、その否定させる主宰者のことを、諸仏と名づけてきたのである。

東山が我が上を行く

この僧、実は雲門に諸仏の姿の現れようを問うことで、己を生かしめてきた根本の主宰者を訊ねたのである。我と世界にかかわりあって、つねに我と世界を否定し続けてきたものの正体が知れねば、だれも真実に生きられないことが予感されていたからである。

そこで雲門は僧の前に、否定されることでかえって真実にされてきた世界の事実を、丸ごと投げ出してみせた。

水上に山が映るのは、山によって水上が否定されたのである。山が水上に映るのは、水上によって山が否定され、水に映る山にされたのである。しかもそれで、水も山も無くなったわけではない。水は刻々と流れて変化して止まず、東山は威儀堂々として動かないでいる。水上の鏡は、水の流れに応じながらも正しく東山を映し（正受）、刹那にそれを否定しては（不受）、即座に新たな水鏡となって映している（正受）。正受と不受と同時に働くことで、つねに新たな東山を映している。雲門は「東山が水上を行く」といって、「行く」という語に、そんな刹那も止《とど》まることなき絶対否定の働きを象徴させた。

しかし、ただ絶対否定だけでは、過去からの情報がつながらない。否定されたとたんに過去も全否定されて、我もなくなってしまうだろう。

宋代に大慧禅師も、そのことを思って行き詰まっていた。あるとき師が、「雲門は《東山が水上を行く》といったが、自分なら《薫風《くんぷう》南より来《きた》って、殿閣微涼《でんかくびりょう》を生ず》というだろう」と説くのを聞いて、とたんに大悟した。

何もない空っぽなお堂だからこそ、薫風が涼やかに入って来る。空っぽの否定力に無限の慈悲があることに気づかされたのである。さっき入ってきた薫風が即座に否定され、そこに新たな薫風が入ってくるから、つねに涼しさが生じている。お堂と薫風が刹那に正受不受して、互いに否定しあうことで、その否定力に具《そな》わった恵みを受けている。だれもこの否定力に与《あずか》って生きてきた。大慧はこの事実に気づいて、東山が我が上にも自在に往来してきたことを納得したのである。

分かることと分からないこと

「もっと分かりやすく説くべきだ」と、何度いわれたか知れない。仏教のことを知りたいと思って、少し仏教関係の本を開いてみれば、すぐに難しい論理に出会ってしまう。我々が日々に使っている考え方だけでは理解できないのである。それで、誰もが分かるようにやさしく説けといわれ続けてきた。

そういわれると、仏教の僧侶も学者も自らの宗教心が問われたように思って、みな「その通りだ。我々は努力が足りない」と答えてきた。ある著名な禅者も、「鈴木大拙博士が本をたくさん書いて世界に禅を知らしめたが、その具体的な坐り方を説かなかったために、今はアメリカでもヨーガの方が隆盛になっている。ヨーガは理屈よりも、実際のやり方をやさしく説いたからだ。大拙博士もそのことに気づかれなかったのは、残念だった」と、いった。

料理のレシピや体操のように、誰でも実践できるように説かなければ、不親切になるのだろうか。難しく説くのは、その者が実際には分かっていないからだ。ほんとうに分かっているなら、どんな風にもやさしく説けるはずではないかといわれてきた。

そうだろうか。心底納得された事実だからこそ、人に正しく伝えられないこともあるのではないだろうか。

体験を積んで初めて分かる

いったい、分かるとはどういうことか。誰でも、すでに分かっていることを問う者はいない。自分の考えでは理解できないから、問うのである。なぜ理解できないかといえば、考えることは、日々の体験を己一個の考え方に限定させることだからである。己一個の考え方に限定できない、考えの及ばない出来事に出会ったから、「分からない」ということになった。

物が分からないとき、我々は誰も、よく知っている者に教えてもらおうと思う。しかし、どんなにていねいに教えられても、すぐに納得できるものではない。もし、すぐに分かったと思うようなら、それは自分勝手に分かった気になっただけである。教えはいつも、教える人の個人的体験を通して語られる。だから聞く方も、教える人の体験と同じ体験のところで考えることができないと、ほんとうには納得されない。もっとも、同じ体験を得たとしても、その体験は、またそれぞれ個々の実感を通したものになる。それで、体験を語る言葉も、また個々に異なった表現になるのである。

分からない者は、よく分かっている者の言葉を何度も聞く必要がある。何度も聞いているうちに、徐々に全体の意味が理解されてくるのは、自らも考えることで体験を積んでゆくからである。体験を積まないままで理解しようとしても、ついに分かることがない。

相撲取りが相手に勝って感想を訊かれると、みな一様に「嬉しいっす」と答えるが、嬉しいことの内容は、みな違う。この一番に負ければ地位が落ちるというカド番相撲で勝った者と、勝って当然の者とは、嬉しさも異なろう。苦しい相撲修行の体験がなく、テレビの前で観ているだけの我々は、相撲取りの「嬉しいっす」の一語の、悲喜交々の感情の仔細は知りえない。分かることとは、実は、なかなか難しいのである。

我が心に知っている

江戸時代の至道無難禅師（一六〇三〜一六七六）は、難解な禅語を避けて、できるだけ平易な言葉で説いたことで知られる人である。あるとき「悟りとは何か」と訊かれて、「悟りは我が心のことである。己が悪心を起こせば、我が心に知っているから、心に許すことがない。心に苦しみを受けるのは、我が心が許さぬからだ。善人が次第に良くなるのは、我が心が善きことを起こすからだ。そのように明らかに我が心に具わっている有難き心である」と説いた。また「凡夫が即ち仏なりと知らないから、苦しむ。そう悟って、我が心の仏に身の悪をさらしてゆく。そうやって心の潔《きよ》くなるところが仏である」（『自性記』）といった。

この一語、親切を尽くして老婆心に過ぎるものだが、納得されるだろうか。聞いて心底安心されただろうか。もしされないなら、まだ分かっていないのである。

どんなにやさしく説かれても分からないのは、己一個の考えを出ないからである。真実分かりたいとは願っていないからである。それを、分からないといえば無知の者に思われるのが嫌だから、誰にも分かるように説けという。怠け者のいいようなのだと思う。

ほんとうに分かりたいなら、何としても分かりたいと願うものである。だから、どんな苦しみも厭《いと》わないで修行してきた。古来、祖師方もみな、そう願ってきた者である。だから、分かったときの喜びは大きかった。物の道理が明らかに分かると、今まで難解に思われた言葉も、祖師方の何としても分からせようとの苦心惨憺の表現だったと知らされる。わざわざ難しくして説いたのではなかったことに、始めて気づかされるのである。

第三章　仏法の悟りは、在家出家を問わない

戦争と平和

生まれてから、一度も人と争ったことがないという者があるだろうか。もしあれば、彼は世の中のことに一度も不足を思ったことがない者であろう。自分と他人と比べて上だとか下だとかを思ったことがない。他人の考え方や価値観に心が乱されることもなく、誉められて得意になったり、悪口をいわれて気分を害したりすることもない者だろう。

しかし実際は、そんな生まれながらの者はいない。我々はいつも、自他を比べては善し悪しを思い、損得を思っている。だから、その「比べ心」が争いの一番の原因だったと気づく者も、少ないのである。

黒住教の教祖、黒住宗忠《くろずみむねただ》（一七八〇〜一八五〇）のところに、ある日、他宗派の教師がやってきて、彼の宗教が間違っていると悪口雑言して罵《ののし》った。宗忠は終始黙ってうなだれて聞いていた。教師は「今後は、人に道を説くことなど止めることだ」と言い放って立ち去った。すると襖《ふすま》の裏で聞いていた奥さんが出てきて、「あなた、あんなに酷《ひど》いことをいわれて、一言もご返事なく黙っておられるなんて、実に残念でございます」といった。宗忠は障子をあけて、意気揚々と大手をふって帰ってゆく教師の後姿に柏手《かしわで》を打つと、「ご覧、あんなに嬉しそうにお帰りだ。あれを見ると、わしも嬉しい。わしに勝ったと思って、あの方のご分心（神様から分け与えられた心）が塞《ふさ》ぐこともなく、お勇みだ。ありがたいではないか」といった。

宗忠は三十三歳のとき、当時流行の病《やまい》で両親を相次いで亡くし、悲嘆のあまり病気になって寝込んでしまったという。肺結核だった。三年の間に病はいよいよ重篤《じゅうとく》となり、医師も匙《さじ》を投げてしまった。自らも覚悟をきめていた、ある日、ふと「自分は父母の死を悲しんで陰気になり、大病になった。せめて残る息のある間だけでも陽気になっていよう。そのように心を養うことが孝行ではないか」と思いついた。

そこで、病で陰気に落ち込んでいた心を、今日まで生かしてこられた天恩を思うようにし向けて、感謝の心で陽気にした。すると、そのときから病気が軽くなっていった。三ヶ月たって、まだ起き上がれないでいた宗忠が、急に太陽を拝したいといい出した。家人に助けられながら入浴し、身を浄めると、縁側に這うようにして出てゆき、太陽を拝んだ。すると年来の病が、一時に全快したという。（黒住教日新社発行『教祖様の御逸話』より）

平和観が一つではない

争いの原因は、我が内なる「比べ心」にある。他と比べる心が差別の思いを起こさせ、差別の心は人や物に対して善し悪しの思いを生じさせる。善し悪しの思いが高じて、憎愛の心となる。

人間の歴史をかえりみれば、大半が戦争の連続である。平和なときも、次の戦争のための準備がなされている。人は他と争うことで生きがいを感じてきたように見えるのである。だから、永遠の平和をいう者があっても、信じられない。「平和」をいう口の下から、「我々の平和論に反対する者は、滅ぼせ」などと叫んで、意見の異なる者を弾劾《だんがい》しているからである。

平和といえば、だれも疑いようのない絶対善に思う者は多い。だが、平和への考え方は一つではない。人によって異なる。軍事力で勝ち取ってゆくものだという者があれば、軍事力をもつから平和にならぬという者もある。それで互いに、自分たちの平和観に違う者があれば、戦ってでも阻止したいと思う。しかし、戦えば必ず勝ち負けが生じるから、負けた方には強い憎しみの心が残るのである。

争いに勝って平和を獲得したように思っても、どこかに憎悪にかられた反対者が出てくれば、また戦って滅したくなる。戦争はいつも、人々の心奥に積まれた怨念に呼び出されて起こされてきたのである。

「比べ心」を去る

争いのない平和社会を願うなら、平和を争って勝ち取ろうとすること自体が、すでに矛盾である。争えば必ず、新たな争いの種を播《ま》いたことに気づかねばならない。

どうしたら、争わないで済む世界が実現できるのか。我々の内なる争い心を忘れて願っても、無理であろう。つねに他と比べては、善悪を思い損得を思う。この心こそ争いの元凶であれば、まずは己の「比べ心」を去るほかに道はない。古来、禅の祖師方もこの道ばかり求めてきた。そして比べないでも済んでいる心が、だれにも平等に具わっていることを悟ってきたのである。

黒住宗忠は太陽を拝することで、だれにも天の恵みが平等に及んでいることを体得した。宗教を説く者は、この体験から始まらねばならぬと思う。徒《いたず》らに宗旨の違いを責めたり政治の所為《せい》にするのは、まだ己の「比べ心」に捉われた差別心があるからで、真の信心を得ていない証拠なのである。

自力と他力

白隠禅師は二十四歳のとき越後高田の英巌寺で寝食を忘れるほどに坐禅修行していて、ある朝梵鐘の音を聞いたとたん、急にすべての疑いが晴れたという。以来、自分ほどの悟りを得た者は他にいないと思って、得意になっていた。そんなとき信州から来た宗格《そうかく》という僧に、飯山の正受庵に住む道鏡慧端《どうきょうえたん》禅師（後に正受老人と呼ばれる）に参禅してみたらどうかと誘われた。そこで、「田舎和尚の悟りが何ほどのものか、一つ点検してやろう」というくらいの気持ちで出かけて行った。

ところが正受老人に参禅してみると、まったく歯が立たなかった。得意の悟りも即座に否定されて、返答も出来ないありさまに追い込まれる。己の未熟を痛感した白隠は、老人の下で再度の修行を勤めることになった。托鉢中に老婆に箒で叩かれて、少しく悟ることがあったのは、このときのことである。

八ヶ月ほど滞在して正受庵を去ったが、以後二十年近くも白隠は正受老人のことを語らない。

晩年、老人こそは真の禅者だとして大いに称揚したのに、なぜ語らなかったのだろうか。

白隠は四十二歳のとき、ある夜『法華経』の「譬喩品《ひゆぼん》」を読んでいて、庭で蟋蟀《こおろぎ》の声を聞いたとたんに、『法華経』の深理を会得した。従来の疑問が一気に氷解されたが、今までの大小の悟りは多くが誤りだったと気づかされる。始めて正受老人の教えこそ、仏祖の真意を伝えるものだったと知って、思わず号泣したという。

永遠の昔に悟っていた

「譬喩品」は長者火宅の譬え話で知られる章である。大富豪の長者が帰宅すると家は火事になっていて、しかもあまりに広大な邸宅なので、子供たちは全く気づかないで遊んでいる。そこで長者がさまざまに方便して、子供たちを無事邸外に助け出した。いつ死ぬか知れぬ無常の火宅の内にいるのに、それを忘れて日々目先の楽しさに引きずられている。そんな我々に仏が真の安心所を悟らせようと譬喩でもって無上道《むじょうどう》（絶対真実の道）を説かれたものである。

いったい白隠は「譬喩品」のどんな言葉に触発されたのだろうか。私はそう思って「譬喩品」を読んでいた。それで、仏が弟子の舎利弗《しゃりほつ》に説いている言葉に出会うことになった。

「私は昔、二万億の仏のもとで、汝に無上道を悟らせようとして、さまざまに方便して教化したのだ。汝もまた長夜に渡って私に随って学んだから、我が法を会得して仏として生まれることになった。それなのにそのことをすっかり忘れて、汝は今、自らの力で悟りを得たように思っている。私が今、人々のためにこの大乗の法華経を説くのも、汝がかつて仏の本願によって修行し、すでに悟ってきたことを思い出させたいと願うからだ」

何億万年もはるか昔、永遠の時のなかで、舎利弗は無量の仏たちに随って学び、その時すでに悉く無上道を悟っていたのだ。それを忘れて、私が今「法華経」を説くのを聞いて初めて悟ったように思っている。それは違う。汝が昔に得ていたことを、今思い出しているだけなのだというのである。

慣れ親しんだ安心の道

実は、なぜ我々が存在自体の不自由を離れて、より自由な生き方を欲するのかといえば、何となく自由になりたいと思うからではない。欲すれば叶うことを始めから知っているからである。禅者が無上道を悟ろうと思って懸命に修行する。それも魂の内なるところで、始めから無上道を悟っているからである。求めても不可能なことは、我々は求めない。求めれば得られることを、内心ではよく知っているから、それをより確かな把握にしたいと欲して求めている。

だから我々が真の安心を得ないのは、己の外に理想の世界があるように思って、己の知らない所に安心を求めているからである。例えば、生きることは他と共に在ることで成り立っているのに、自分一人だけの幸せを願う。老病死は避けられぬ事実で、そのことはみな大昔からよく知っているのに、つい老病死がなければよいと望む。ほんとうは誰も、よく知って慣れ親しんできた場所で、安心してきたのである。未知の場所では、いつも不安にされてきた。そのことを、思い出さねばならない。未知の悟りを願うより、慣れ親しんだ脚下に、真の安心があることを気づかねばならない。

しかし坐禅修行していると、何度か寂静の境地を体験するのである。ときには悟ったと思うような錯覚も生じるから、つい未知の真実を自力で会得したように思う。それで修行すると、一般人の愚かな心を離れて、他に優れた上等な妙境を得たように思う者も多いのである。白隠禅師にも自力で得た優越感があったのだろう。

真摯な心で「法華経」を読んだ者は、自力の驕《おご》りを捨てて始めて、「一仏乗《いちぶつじょう》」に与っての己だったと知らされる。「一仏乗」は、永劫の昔からだれもが慣れ親しんできた無上道のことで、つねに思い出され悟られてきた道である。自力で得たと思っていても、その自力自体が、すでに永劫の「一仏乗」に促されてのものだったのである。

時節と因縁

「出家者はただ、時と節に随って得る。寒には即ち寒、熱には即ち熱と。仏性の義を知らんと欲せば、当《まさ》に時節因縁《じせついんねん》を観ずべし。(道に志した者は、ただ時と節に随ってゆけばよい。寒いときは寒い、熱いときは熱いと。仏性の真意を悟りたいと願うなら、まさに時節の因縁をみることだ)」(『景徳伝灯録』二四)

これは唐の時代に法眼文益《ほうげんもんえき》禅師(八八五~九五八)が語ったものである。仏道に志した者は、結局、釈尊が「だれにも仏性が具わっている」と悟られたことの真意を、自らも悟るのでなければ、仏教がほんとうには分かった者にはならない。では、どのようにして仏性を悟るのか。禅師の言葉は、その実際を説いた、実に的《まと》を射た言いようだったと思う。

時には姿かたちがない。我々はただ、あらゆる物が変化して止まない様相をみて、時の移ろうことを知るばかりである。冬に枯れ落ちた葉は土になり、春には新たな草木の芽を開かせる。月日は朝夕にわたり、年齢は日々に加算されてゆく。寒い時は寒さに随い、暑い時は暑さに随って、自然界の事象はみな、時の節々の働きに刹那も外れることなく随って存在を現している。我々を真に安心させる妙境（仏性）を悟りたいと願うのなら、つねに時が原因になって節（縁）が生じ、縁に随って時（原因）が働いている、その在りようを虚心に観察してゆけば、自から仏性を悟るだろうといった。

だれも正しい時を知らない

実は、我々は日々に時を利用しながら、時のことをほとんど知らない。時の姿も色も重さも大きさも、時の実際の相《すがた》は何も知らない。だが、時に随って生きる他ないことだけはよく知っている。時のお陰で、我々の身体も心も運命までもが左右されてきたからである。

人間は時の速さを何秒・何分・何時間と数字でいう。それで時を知ったように思うが、一度も時の速さを正しく掴《つか》んだことがないのである。私は試《ため》しに、何十人かの人に眼を閉じさせて、「一分間たったと思ったら手を挙げてください」と頼んだことがある。すると、全員が他人と異なる時に手を挙げた。同時に手を挙げたように見えても、みな微妙に差が出る。時の速さは人の意識上で個々に実感されるもので、だれにも共通するような一分間はないことが確認された。

「あっという間に一年が過ぎた」という者がある。年を取るほどに一年が早く終わるように感じるのは、若いときは何十年も先があるように思うが、老いると先の短さを思って一年を顧みるからである。そのことも、時の速さが意識の中だけにある証拠である。

精巧な時計なら、時速を正確に測ることができると思うだろうか。ところが一日二十四時間という数字は、地球上の人間だけに通用する単位である。太陽と地球の周期を計算して、人間の生活に合わせて二十四時間に分けた。それでも、正確を期することができなくて、四年に一度は軌道修正しなければならない。

光陰虚しく過ごすなかれ

古人は時のことを「光陰」と呼んで、「百歳の光陰も及ぶべからず。（時の速さは、光速で百年間追いかけても、追いつくものではない）」といった。

真空中での光速度は、秒速で約三十万キロメートルだという。しかし、人間が光速度を一秒間のキロ数で表すほかにないのは、時の速さが更に光速の外にあるからである。

地球は約五十億年前に生まれ、宇宙は百三十五億年も前に始まったと聞かされたことがある。しかしそれも、人間が作った時間単位を元にして考えられた年数である。宇宙的な時には、数字で限定されるような時間はない。いつ始まっていつ終わるかも知れないような時間は、計りようがないのである。だから永遠というしかなかった。それで、「百歳の光陰も及ぶべからず」といったのである。

宇宙は何もないゼロの時に、ビッグバンという巨大な爆発があって始められたという。ではビッグバンの前に、時はなかったのか。否、ゼロの時にも、時自体は働いていたに違いない。それが宇宙を始める元になったのだ。ゼロの時にも、ゼロのうちに時の働きは孕《はら》まれていたから、それが因（原因）になって節（条件）が現れ、ある時、節に随ってビッグバンになった。時の働きが止まったことは、宇宙の始まる以前からなかった。もし止まることがあれば、ビックバンを創造する力も生じるはずはなかったからである。

昔の賢人たちは、現代人のような宇宙理論は何も知らない者だったが、宇宙の根元に無限の創造力があることは予感してきた。そして、この創造力を神と呼び天と呼んできた。仏者はそれを空といった。禅者が無といって、何の実体もないように説いたのは、人間の考え方に限定されるような創造力ではないと見たからである。

神も天も空も無も、みな時の別名である。時の本性は無常で無速で永遠で、しかも無限大の創造力を孕んでいる。実相は持たない、まったくのゼロだが、時と節の因縁に随って余すことなく、外れることなく個々に及んでいる。

時こそは、存在することの要《かなめ》の動機なのである。それ故に、古人はつねに「光陰虚《むな》しくわたるなかれ」と誡《いまし》めてきた。この事実が納得されて、初めて真意が明らかに悟られることを確信してきたからである。

動中と静中

動中は日々に行動している時をいう。静中は心に一念も生じない寂静《じゃくじょう》の時をいう。動中と静中が一如になって、どんな瞬間にも分かれることなく働いている心を、仏教では仏心と呼んできた。

我々の心は、静中には落ち着くように見えても、動中になるとすぐに乱れてしまう。そんな定めない心に迷って、だれも日々に安らぐことができないでいる。だから、古来、仏道を修行する者たちはみな、この迷い心を定めんがために苦心を重ねてきた。身命を賭《と》してのぞみ、苦行に身をさらしてきたのである。それでも、確かな悟りを得る前に、あまりの身の酷使に病んで、倒れ、無念のうちに死んだ者も多い。

今は比叡山で何年かに一人、千日回峰行を修する僧が出ると、マスコミが大騒ぎをしてくれる。私は以前、兵庫県にある書写山円教寺に参詣して、山中にある常行堂《じょうぎょうどう》を拝観した。修行僧が何十日も閉じこもって修行する堂である。一度入ったら、期間中は出ることができない。一期が六十日間と訊いたように思う。

食事は小さな窓から入れてくれ、用便も桶《おけ》に為した物を出し入れする。不眠不休で立ったままの修行だから、横になることも休むこともできない。堂内の四方の壁に腰の高さで竹が取りつけられていて、それに摑《つか》まりながら、何百万遍もの念仏を称えながら歩くのである。

案内の僧に、「どのくらいの僧が、そんな修行しますか」と訊くと、「昔はたくさんいたが、今はいません。ときどき比叡山で一人二人出るくらいです」と答えた。かつては、苦行に身をさらすことで己が心を仏に近づけようと勤める者が、たくさんいたのである。

苦行では安心を得ない

昔の人は、何のためにそんな苦行を求めたのだろうか。動中と静中の一如が真実に願われたからである。始まりは己が心の不安と怖れだった。不安と怖れは未知からくる。特に死は、生前にはついに体験し得ない、まったく未知の世界である。誰もこの世の終わりには、未知の世界に直面させられる。これは深い怖れだった。

苦行してでも道を求めようとしたのは、みな、こんな深い怖れから少しでも自由になりたいと願ってのことである。だから、心の本を問い続けることになった。怖れが生じる本の心を明らかにせねば、安心が得られぬように思われたからである。

道を求めて修行している者が、徐々に気づかされることは、我々が動中の心をいかに野放しにしてきたかということである。朝から晩まで雑念妄想ばかりで、無心のときがほとんどない心だったと知らされる。そんな雑念心が、いっそう怖れを深くしていることにも気づかされて、いよいよ無心を定める寂静の境地が願われたのである。

しかし、物心ついて以来の雑念心である。そう簡単に無心になれるはずはない。それで、ひたすら修行に邁進してきた。修行していれば雑念も薄れて、いつか無心の境地が近づくように思われたからである。二千六百年前に釈尊が出家されたときも、「私ほど苦行を為した者はいない」と述懐されたほど、激しく身心を責めて修行された。そして、およそ七年間の苦行生活を経て、ついに「苦行では安心を得られない」と気づかれ、下山された。このことを、仏教を学ぶ者は忘れてはならないと思う。

動と静と差別なき心

厳しい修行で、どんなに寂静の境地を得たと思っても、それが動中にあって乱れるようなら本物ではない。長い間、何のために修行してきたのか。動中でも静中でも差別なく働く、真に乱れない心が得たいからだったろう。しかし、そんな差別なき境地なら、また動中にも静中にも関わらぬ自由な心でなくてはならぬのではないか。つまり、静中にも固定されず、動中にも動揺されない心だからこそ、かえって自在に働いて不足がないということでなくてはならぬ。どう修行すれば、そんな自由な心が得られるのか。実は、釈尊は苦行生活を離れてみて始めて、我々は無心を自由に使って余すところがない心を、初めから具えもって生まれてきたことを悟られたのである。

心に憂いなき日は、活力に充ちて働き、そんなときは夜も熟睡して、夢も見ないでいる。だれにも、こんな体験がある。動にも静にも止まらない心だから体験する境地である。この心、修行して得たものではない。初めからだれにも具わってきた。

元来、自由な心が具わってきたのに、我々はなぜ、そのことに気づかないで迷っているのだろうか。振り子の揺れが小さいと、揺れる中心もはっきりしない。激しく揺れて始めて、不動の中心に気づかされる。祖師方はみな、修行して、さんざん迷い尽す中で、この事実を知らされた。迷いにも悟りにも関わらぬ一つ心がある。だからこそ、迷ったり悟ったりしているのだと。

苦行に身をさらしてきたから、苦行の虚しさに気づかされた。動と静に揺れ動いてきたから、ついにどちらにも捉われない自由な心があると悟らされた。そのことを思うと、我々が迷わずには生きられぬ業の深さと、尊さを考えずにはおられない。

在家と出家

在家は世間一般の人々のことである。出家は僧侶のことである。在家の者が親や妻子を捨て、世俗の仕事や付き合いも捨てて独り身となり、ただ仏道の修行者として専門道場（寺）に入門する。そのような者を、出家といった。日本では明治以後、出家者も妻帯してよいことになって、いまは独身僧も少なくなった。

現在の出家僧は、本山認定の専門僧堂に入って数年間の修行生活を経なければ、正式な僧侶として認められないことになっている。古い時代は、国家認定の官寺で得度式を挙げなければ僧侶の資格が得られなかった。得度式は、仏前で僧となるための戒律が授けられ、それを固く守ることを誓う儀式である。今は、師僧によって得度式を挙げたことが証明されると、本山公認の専門僧堂に入門することができる。

しかし、そんな官寺や本山の認定を得ない僧もあった。尊敬する師僧の下で学びたいと願って弟子入りし、そのまま僧の形になった者で、修行を優先するあまり公的認定を得ないままに終わる。このような僧を、「私度僧《しどそう》」といった。官寺や本山の公認を得て修行した僧侶からは、正式な僧ではないと見做《な》され、僧位も低かった。ところが歴史上、そんな「私度僧」によって仏道が再興されることも多かったのである。

直心が道場

中国は唐代のこと。慧能大鑑《えのうだいかん》禅師（六三八〜七一三）は、元は在家の百姓だった。母子二人の貧乏生活で、あるとき町に柴を売りに行って、宿屋で柴を売ったとき、客の一人が『金剛経』を読んでいた。その言葉を聞いて悟ることがあったという。客人が五祖弘忍大満《ぐにんだいまん》禅師（六〇一〜六七四）に教わったことを聞かされた。そこで、黄梅山（現湖北省黄梅県）に出かけて行った。五祖の下でしばらく米搗き役の寺男として下働きをしていたが、ある夜、五祖から禅旨を示されて大悟した。それより達磨大師伝来の正法を嗣《つ》いで、六祖になった。

数年後に得度式を挙げ、僧として世に現れたが、彼の悟った境地は在家出家に関わりないものだったようで、ただ自心が本来清浄であることばかりを説いた。

「もし修行しようと願うなら、在家でもよい。寺に住まねばならぬということはない。寺に住んでも修行しないなら、西方（極楽浄土）に住みながら悪しき心でいるようなものだ。もし在家で修行するなら、東方（娑婆世界）に住む人が善き心でいるようなものだ。ただ願わくば、

自らの清浄心を修しゆくことだ。」（『六祖壇経』疑問第三）

いかにして清浄の心を修するのか。六祖はつねに直心《じきしん》であれといった。

「行住坐臥のいっさいの時に直心を行ずることだ。浄名経《じょうみょうきょう》（維摩経のこと）に、《直心のところが道場、直心であれば浄土だ》という。もし直心を行じないなら、仏弟子ではない。」

『維摩経《ゆいまきょう》』は、在家の居士《こじ》（仏教徒）、維摩詰《ゆいまきつ》（ヴィマラキールティ）が釈尊の十大弟子と問答して、彼らの見解を尽く論破する物語が述べられている。その中で、弟子の羅睺羅《らごら》（ラーフラ）が、毘耶離《びやり》（リッチャヴィー）の若者たちに、出家することの功徳を説いていたところ、維摩居士がやってきて嗜《たしな》めた。

「羅睺羅よ、出家に功徳や利益があるように説いてはなりません。利もなく功徳もないことが出家だからです。出家者は法（真理）に実体がないと知って、法中には得るべき何物もないとみてきたのです。出家者には、あれかこれかと選ぶような姿かたちはなく、またその中間もない。あらゆる見方や考え方から離れることで涅槃《ねはん》（悟りの境）にいますから、人々の悪念からも離れ、言葉にも捉われないでいる。愛欲に染まらず、場所や物を我が物とすることもない。憂いや悩みで心乱れることなく、内に喜びがあり、禅定《ぜんじょう》心で諸々の過ちから離れている。もしよくこのようであるなら、その者こそ真の出家というのです」と。（『維摩経』弟子品第三）

念々に余念を加えないで行く

憂い悩んで心乱れる者が、時に仏教に救いを求めるのは、釈尊の教えに真実安心の道があるように思うからである。もし出家しなければ安心を得られないなら、俗世にあって社会や家族に責任がある者は迷ったままでいなければならない。維摩居士も六祖大師もそんな無理は説かれなかった。法（真実）は姿かたちに拘《かか》わらないし、得るような特別の功徳も利益もない。ただ直心を行じて、即今の念々のほかに余念を加えないでゆく。在家であれ出家であれ、そのように行じゆけば、自《おの》ずから清浄な心が本性だったと悟る。その心を菩薩の心といわれたのである。

直心だから、一切の心が調ってゆく。直心のとき、心は無限の創造力に充たされている。直心をもって道を明かしてゆく者を、祖師方は真の出家者と呼んできた。出家や僧侶の形をなしていても、直心を行じていない者は、仏法とは無縁の者なのである。

不便と便利

人生は不便なことに充ちている。自分の思い通りにならないことばかりである。人生は楽しくなければ意味がないように思う者は多いが、実際は楽しいだけでは済まないことの方が大半である。努力すれば、願いが実現するようにいう者もある。しかし、どんなに努力してもどん底に堕ちるほかないときがある。日々無事に暮らせることが、一番の幸せと思う。だが、日々を戦乱の中に生きねばならぬ者には、夢の幸せである。世界にはそんな人々もたくさんいる。自国の平和が、かえって他国の戦争を起こす一因となっていることもある。自分の幸福は、多数の不幸のうえに成り立っているのかも知れない。人生の真相は、よく考えれば、なかなか複雑である。

釈尊はだれにも必ず、老いること病むこと死ぬことの苦しみがあると見て、「人生は苦なり」と悟られた。歩いても座っても寝ても、何を為しても死は刻々と迫って、一時も休むことがない。ときには思いもしない災いに襲われて、急に死ぬことがある。楽しいはずのスキー旅行が、バス事故で死出の旅になろうとは、だれが想像しえただろう。まことに薄氷を踏むような人生だと思う。自分の明日の生死も知りえないで、どうして楽しみばかり願われようか。釈尊はそう思われて、修行の道に入られた。

臂は外に曲がらない

人生が不便なものなら、それを少しも苦にしないでおられるような心はないものだろうか。蟻が蟻地獄に堕ちて食い殺されようとする。そんなときでも、平然と運命を受け入れてゆける。そんな風に「逃げないでも済んでいる心」はないものだろうか。

『碧巌録《へきがんろく》』第一則に、「臂《ひじ》は外に向かって曲がらない」という言葉がある。これは、インドから中国にやってきた達磨大師に、当時の梁国の皇帝・武帝が会って、仏法のことを質問したことによる語である。武帝が「仏法の一番聖なるところは何か」と訊くと、大師は「廓然無聖《かくねんむしょう》（カラリっとしてどこにも聖なるものはない）」と答えたという。武帝は意味が分からなくて、さらに「あなたは仏法を悟った聖なる者ではないのか」と訊いた。すると大師は、「不識（そんな者は知らない）」と答えた。武帝はまったく意味が分からない。それで、達磨は去ってしまった。

この「不識」と答えた言葉に、後に圜悟克勤《えんごこくごん》禅師（一〇六三〜一一三五）が、「臂は外に向かって曲がらない」と注釈したのである。

ZENを世界に伝えて知られる鈴木大拙博士が、若いころこの語句に行き詰まり、後に真意を悟られたという。私もこの語句の意味がさっぱり分からなかった。日々に真意を探《さぐ》っていたところ、ある日ふと「臂が外に曲がらないという事実に、人間の善し悪しはまったく関わっていない」ということに思い至った。するとすぐに、般若心経の、「不生不滅不垢不浄不増不減」という語が納得された。諸物はみな、生・滅（死）・垢《よご》れ・浄《きよ》さ・増える・減ることに左右されて存在しているわけではない。物が生・滅・浄・垢・増・減に縛られて不自由なように思うのは、人間だけの価値観に縛られて見たからである。諸物が存在すること自体には、人間のどんな価値観も関わっていない。だから事物の本来をあるがままに言おうとして、「不生不滅不垢不浄不増不減」と説いた。

その後、白隠禅師が『毒語心経』の中で、「不生不滅不垢不浄不増不減」の語に、「臂は外に向かって曲がらず」と注してあるのを見た。白隠禅師も般若心経の句に、圜悟の語を思ったのである。

逃げない自由

臂は外には曲がらず、内側にしか曲がらない不自由がある。では、臂が内にも外にも曲がるなら、もっと自由になるものだろうか。人生についてもそのように願う者は多い。何でも自分の思い通りにできて、他から制限されることがない。もしそのように自由な社会になれば、人々はもっと幸せになるように思うのである。しかし、人々の思い願うことがすべて実現されるようになれば、すぐに人類は滅ぶだろう。他人の願いと自分の願いが異なる場では、互いに衝突して争うほかなくなるからである。

為政者が自分の思い通りに為せば、国は乱れて殺戮《さつりく》が日常化することは、現代にも見ることである。なかなか人の思い通りにならない世界だからこそ、我々は今日まで存続し得てきたことに気づかねばならない。

人生は不自由なことが多いから、善いこともあった。臂が内側にしか曲がらない制限があるから、別の道を模索してきた。苦心惨憺して智慧を尽くし、創造力を働かせて、さまざまに工夫をこらしてきた。その結果が願いの実現となり、心の真《まこと》に適ったとき、我々は人生に充実を感じてきたのである。日々の生活に不自由が多いから、自由に創造する楽しみを見出してきたのである。

生にも死にも、垢《く》（汚れ）にも浄にも、増にも減にも染まらない自由な心が、どんな不便のなかにあっても、かえって不自由さを生かす道を拓《ひら》かせてきた。古来、みなそうやって懸命に生きてきた。何と人間はけなげな生き物であったことだろうか。

第四章

一切衆生はみな、仏性を具えている

三種の病人と接物利生

中国は唐の時代に、玄沙師備禅師《げんしゃしび》（八三五〜九〇八）が修行者たちに訊いた。
「諸方の和尚方は皆、『接物利生《せつもつりしょう》が大事だ』と説く。それならば、もし眼・耳・口の不自由な者が来たときは、どう接するのか。眼が見えない者には、行動で示しても見ることができない。耳が聞こえない者には、言葉で説いても聞こえない。口がきけない者には、彼に答えさせようとしても言われない。もし、こんな三種の者を救うことができないなら、仏法に功徳があるといっても、何の意味もないぞ」（『碧巌録』第八十八則「三種の病人」より）
『接物利生』とは、あらゆる物を、もっともあるべき良き状態に生かしてゆくことをいう。仏教僧なら、日々「一切衆生を限りなく済度してゆくことを誓う」と、『四弘誓願』で唱えているのだから、こんな三種の者の人生をこそ良く生かしめてゆけるようでなければ、偽物だろう。
「どうだ、君たちはそれができるかな」と、玄沙は訊いた。

不自由な者に具わる自由な心

一般に我々は五体（両手両足胴体）が健全で不足なく揃っていることを当然のことのように思って、疑わないでいる。それで、ときに五体不自由な者に出会うと、つい負い目を感じて同情の言葉を述べる。なかには、五体不自由な人をみて、かえって自らの健全に気づかされ、改めて感謝するという者もある。五体不自由な人からすれば失礼なことだが、仕方ない。我々は他と比べることでしか自分を確認できない者だからである。

しかし、健全な者は知らないのだ。五体不自由な者に具わってきた自由な心が、健全な者の身体も自由に為していることをである。実は、玄沙禅師はこの事実を悟らせようと思って、こんな問題を出した。むろん、修行者だけに出したのではない。一切衆生共通の課題として問いかけた。我々は五体健全で自由な身体を持ちながら、日々に不満を抱えて悩んでいる。ともすれば、見たり聞いたり言われたことに捉われて、少しも自由に生きられないで苦しんでいる。だから、もしこの問題に正しく答えることができるなら、もう悩み苦しむ必要がない。だれでも真実の安心を得て、思い通りに生きることができる。そのことを伝えようと思って、方便したのである。

魂を解放した一言

玄沙が問う三種の者は、それぞれに眼や耳や口の不自由な三人の者だが、ヘレン・ケラー（一八八〇〜一九六八）は一人で眼も耳も口も不自由な「三重苦の人」であった。一歳七ヶ月のとき病気で光と音を失い、七歳まで言葉の存在も知らなかった。幸いにサリバン先生というすぐれた教育者に出会い、先生の苦心惨憺の導きで、物にはすべて名前があることを悟らされた。初めて知った言葉はｗａｔｅｒ（水）だったという。先生がヘレンの一方の手に水をかけながら、他方の掌《てのひら》に指でｗａｔｅｒと何度もくり返しつづっているとき、突然にそれが、「いま自分の片手の上を流れているふしぎな冷たい物の名であることを知りました。この生きた一言が、私の魂をめざまし、それに光と希望と喜びを与え、私の魂を解放することになったのです。」（『わたしの生涯』岩橋武夫訳、角川文庫）

以後、先生の指文字でたくさんの単語を覚え、声に出して話すこともできるようになった。二十二歳のとき、この若きアメリカ女性は名門ハーバード大学に通い、英語の外にフランス語、ドイツ語にも堪能で、ラテン語、ギリシャ語も読みこなすことができるようになったという。後に映画「奇跡の人」で世界に知られるようになり、世界各地に講演旅行をして、日本にも三度訪れた。

昭和十二年に始めて来日したとき、彼女は東京渋谷の「温故学会」を訪ねて、塙保己一《はなわほきいち》（一七四六〜一八二一）を偲んだ。「温故学会」は、保己一が日本の全古典を編纂した『群書類従（約六百七十冊）』を刻んだ版木を保存して、出版に努め、その偉業を顕彰してきた学会である。ヘレン・ケラーは幼時より母から、日本の塙保己一を手本にしなさいと励まされてきたという。保己一も七歳のときに失明し、十六歳のとき発心して学問の道に精進し、偉大な学者になった。優れた記憶力で聞いた講義をすべて覚え、掌の指文字で漢字を覚えて学問した。眼に文字を見ないから、耳に音で聞いた内容を考えることで、かえって従来の学問の不備を悟り、古典を体系的に編纂することになった。

ヘレン・ケラーは「絶対沈黙の牢獄の中で懸命の努力を尽くしてきた聾唖《ろうあ》の子供が、最初に物をいうことができた時、その驚きと喜びを決して忘れるものではありません」といった。塙保己一は「般若心経」を百万回唱えることで心を純一になし、大事業を成就する力を得た。二人とも現実の不自由を超えて、内なる心の自由を使うことで偉大な仕事をなした。この事実こそ、誰にも無量の自由が具わっている証しである。

知識と体験

ある学者が『無門関』にでる「麻三斤《まさんぎん》」の話について、とんでもない解説をしていて、思わず笑ってしまった。唐代に洞山守初《どうさんしゅしょ》禅師（九一〇～九九〇）が、あるとき一人の僧から、「仏とはどのようなものか」と訊かれて、「麻《あさ》が三斤」と答えたという。話はこれだけである。それを学者は勝手に解釈して、「そのときたまたま、目前に一着の僧衣《ころも》を作るための麻が三斤あったので、その僧衣を着ている君自身が仏だよという意味で、麻三斤と答えたのだ」と説明していた。

禅者はそんな遠回しな言い方は、決してしない。どんな問いにも、直《じか》に事実をもって答えてきた者である。もし「君自身が仏だ」と言いたいなら、すぐに本人を指して、そう言っただろう。洞山は、僧に「自分が仏だ」などと誤解されないために、「麻三斤」と答えたのである。『碧巌録』第十二則にも、この話（公案）は採り上げられて、圜悟克勤《えんごこくごん》（一〇六三～一一三五）禅師が「評唱」のなかで批判している。「この時に倉庫で麻を量っていたから、このように答えたのだ」とか、「汝が仏なのに、己の外に仏を問うから、洞山が遠回しにこう答えたのだ」とか、「ただこの麻三斤が仏だ」などという者があるが、すべて的外れだと。

知識だけでは、すぐ濁る

しかし、学者がこんな的外れな解釈をするものだから、世間も誤解して、禅問答を謎かけ問答のように思っている。書店で禅の本や禅の特集記事をみても、大半が学者の書いたものばかりである。坐禅の仕方を読めば、坐蒲団の上で身体と呼吸と心を調えて雑念妄想を去れば、自ずから澄んだ心になるように説いてある。その澄みようは、「容器に入った泥水の泥が、だんだん下に沈んでいって、やがて上の方から水が澄んでくる。そのように心が澄んでくるのだ」と説く。こんな心になることが坐禅の効用なら、もし地震が起これば、沈んだ泥はすぐに舞い上がって、元の濁った泥に戻ってしまうだろう。

どうして「麻三斤」は麻三斤のまま、「泥水」は泥水のままのところに本質を見ようとしないのだろう。修行して悟れば、特別な妙境になるように思うものだから、こんな的外れの解釈になる。悟り体験のない者が禅の書物を読んで、むかしの祖師方が素晴らしい妙境を得たように思う。すると、いま自分の心を不自由にしている解決困難な問題が、祖師方によってすべて解決されているように見てしまう。むろん、祖師方は不自由を自由に変えるような解決を持ったことはない。不自由は不自由なままに使う道を悟ってきただけだからである。

洞山は「仏とはどのようなものか」と訊かれて、「麻が三斤」と答えた。だから、麻で答えるのなら、「麻が十斤」のときも「麻が百斤」のときもある。同じ問いに、他の禅師は「庭前の柏樹」と答えた。私なら「物を書けば、多数の文字になってゆく」とでも答えようか。そこに麻や柏樹や文字の、不自由を自在に使う自由性を見なければならぬ。

昔、剣の達人として知られる宮本武蔵が、「剣はただ持ち善きように持って、上げて下ろすばかりなり」といった。この言葉、身体の動かし方を工夫してきた者なら、だれでも肯く言葉であろう。ゴルフの技を究めたい者も、テニスや卓球、野球やサッカーの技を高めたい者も、その道の達人の言葉を読んだり聞いたりする。だが彼らは、どんなに他人の言葉を山ほど覚えても、結局、自分の身体は思うように使えないことを知っている。他人の言葉は自分の体験ではないからである。それで工夫の末に、我が身体を自分で自由に使える法を体験したとき、始めて武蔵のようにいう他ないことを悟るのである。

見性体験が説いてある

時に、「分かっているが、まだ実行できない」という者がある。それは「分かる」ことを、勘違いしているのである。実際は、分かるから行うことができる。分からないから、行うことができない。分かることと行うことは、一如なのである。

また、「もっと、分かりやすく説くべきだ」と責める者がある。体験のない者に、どんなにやさしく説いても、心から納得されることはない。その代わり体験すれば、すぐに分かる。禅の要旨を真に体験すれば（禅ではそれを見性という）、唐代宋代の祖師方の言葉は、すべて納得されてくる。当然だろう、だれもが体験してきた事実しか説いていないからである。

たまたま米が十俵あって、僧の問いに洞山が「米十俵」と答えたら、学者は「その米を食べる君たちが仏だと答えた」と解釈するのだろうか。容器の中の泥水なら上から澄んでゆくだろうが、黄河のように前世紀から泥色に染まった河は、どこに澄んだ水を求めるのだろうか。

だれでも知識では捉えられない直接体験が無量にあって、それがいま個々の私に限定されて現れている。西田幾多郎博士はそれを、「純粋経験」と呼んだ。無限の過去から無量に積んできた全ての経験を、自由自在に働かせて、つねに私を新たに為してきたものである。この自在な働きを麻の上にも見て、麻が三斤あると答えた洞山だった。

大悟と小悟のあいだ

仏教がいう悟りとは、「無常を悟ることだ」という者がある。この世の事象は、すべて瞬時も定まった姿かたちを止《とど》めたことがない。刻々に変化して常なることが無いからこそ、今ここに存在できている。無常であることは、万象が存在するための普遍の事実である。我々も、自己が即今に否定されては、即今に新たな自己になっている。そう見ていわれた言葉である。しかし、この世の事象がみな無常と気づくことだけをもって、悟りと為してきたのではない。仏教は、そんな風に事象を無常にして止まない働きが、いかなる力に因っているのか、その働きの主体（本性）を悟ってきたのである。

いっさいの事象が無常なら、そこに無常に為してゆく力が先に働いているのでなければならない。いったいこの力は、いかなる性質のものか。どのように働いて、どんな様子をしているのか。古来、道を求める者はみな、この力を生じさせている大本の主体を諦め（明らめ）たいと願ってきたのである。この力の主体を諦めないことが、我々の生を不安にする一番の原因になっている。そう気づかされてきたから、この主体を悟った者は、すぐに、この世の事象の存在意義が、根源から納得されたのである。

釈尊が悟られたとき、「何と不思議なことか、一切衆生はみな、仏性を具え持っている」と叫ばれたという。釈尊も、この主体の真意に気づかれて、それを仏性と呼ばれたのである。

命に与っての煩悩妄想

悟れば、特別の妙境が得られるようにいう者がある。しかし、悟りに妙境とされるような境地はない。悟るとは、物事の真実に気づくことである。真実とは、いつでもどこでも誰にあっても真実で、虚偽のないことである。しかし、悟った者は真実になり、迷った者は虚偽になる、というような真実ではない。迷悟にかかわらず、つねに一切衆生に貫いて行われている真実がある。この事実に気づくことが悟りである。

例えば、いま我々が生きるのは、命が在るからだと知っている。命はいっさいの生きとし生けるものに及んで、命がなくて生きる者は一人もいない。幸福な者にも不幸な者にも、善人にも悪人にも、迷う者にも悟った者にも、差別なく平等に及んで、生きている限り命から外れる者はいない。どんなに悩み苦しんでいても、その悩み苦しみの一々が、命に与《あずか》っての一々である。

この主体（仏性）も、そんな命と同じように、一切に余すことなく及んで、刹那も外れることがなく働いている。悟る者は、この事実に気づかされた。無論、仏性と呼ばれる何か尊い者が、悟る者だけに現れたのではない。この主体は、人の尊卑に刹那も限定されない。もし少しでも限定されれば、いっさいに及ぶ平等性を失うからである。いつでもどこでも誰にでも、個々の状況に応じて自在に働いてゆく。この主体はまた、真に自由なものなのである。

迷いと悟りのくり返し

私事で恐縮だが、二十歳のころフト、この主体に思い当たったことがある。私を在らしめている働き自体は、男でも女でも大きいでも小さいでも善でも悪でもないと気づかされたのである。すると急に、世界がクルッと転回したようになった。不思議に思いながら外に出ると、眼に映る物がみな、私自身の延長になっている。家も壁も道も、大学で出会う友人知人も、すべて我が分身のように思われて、驚いたことには、昨日まで敵と思っていた者までが、我が身と一体になっている。これは大変な境地を悟ったのだと思って、「この体験を離してはならぬ」と考えたとたんに、サッと消えてしまった。

しかし、以後、何度もこの体験を振り返ることになった。「あれは何だったのか」という思いが、消えなかったからである。インドに旅して、釈尊が法華経を説かれたという霊鷲山頂で坐禅をしたときは、目前で釈尊が観ておられるような気がして、いかなる工夫も無益にされた。どんなに善き坐禅をしても、釈尊には我が未熟はお見通しだろうと思われたのである。ただ未熟は未熟のまま、裸になって坐るほかになかった。後に、この主体には未熟も成熟もないと気づかされたが、インドの体験があったからである。

十八歳のころから五十年も禅に参じてきた。それまでに大きく気づかされること（大悟）が五度ほどあったように思う。小さな気づき（小悟）を上げれば数知れない。この頃ようやく、祖師方の語録を看ても、疑うことがなくなった。私には、悟ればすべての迷いが払われるような奇特は、一度もなかった。ただ迷うたびに、主体の平等性に気づかされてきたのである。主体に迷悟の差別はない。つねにいっさいと一如に働いて、二つに分かれたことがない。その代り、この世に現れるときは必ず、好きか嫌いかという差別の姿をもって現れてくる。そのことだけが納得されるのである。

無明と一仏乗

膨大な仏教経典のなかでも、『法華経』は「最高の経典」といわれてきた。そのわけは、人間がだれでも差別なく、一人残らず成仏できることを説いているからだという。そのことを「一仏乗《いちぶつじょう》」という。一仏の乗り物に一切衆生を乗せて、余すことなく仏のもとへ届けるという意味である。どんな人も、仏の智慧を悟ることができる。仏はただ、一切衆生を仏と同じ智慧に至らせんがためだけに、この世に現れるのだという。そんな風に説かれた経典は『法華経』だけなので、「最高の経典」と称されてきた。

『法華経』は釈尊が亡くなって五百年くらい経ってから編纂《へんさん》されたという。紀元一世紀ころである。二千年も前の経典だが、繙《ひもと》いてみると、驚くことに釈尊は、はるか久遠《くおん》の時のなかで、百千万億の仏たちの下で修行して、早くにだれもが「一仏の乗り物」に乗せられていたことを悟ってきたのだと説く。宇宙が始まったころのことだという。いったいだれが、そんな大昔のことを見ていたのか。人間なんか影もない時である。どんなに仏の教えが真実だといわれても、だれも見た者がない教えでは、信じられるはずがないという者もあろう。

しかし、人間は記憶力がとても悪いのである。ただ自分の脳力だけに頼って、見たこと聞いたことなら確かなことに思い、見ないこと聴かないことは信じない。仏教を学んできた僧侶ですら、真実と思っていない者がある。しかしほんとうは、『法華経』は真実だけを説いたのである。人間がどんなに見たことがないと思っても、すべて命に刻みこまれてきた記憶がある。だからその内容を、間違いない事実として説かれたのである。

十二因縁の法則

『法華経』の編纂者には、一切衆生が一人残らず救われる道でなければ真実の教えではない、との確信があった。

世俗を捨てて出家した者が、人里離れた静寂な場所で、戒律を守りながら、教義を学んだり、定力を養ったりして、ひたすら精進の日々を勤めてゆく。そんな道心篤き者が、長い修行の果てに、ついには真実の道を悟る。しかし、もし人々を真に安心させる道が、世俗を離れた場所で、一般の知らない特殊な修行生活を経て悟られるものなら、修行しない者には無縁の道となる。編纂者は、そう思った。修行した者にも修行しない者にも、どんな人にも変わることなく貫いている真実でなければ、一切衆生を心底から安心させる教えにはならぬと気づいたのである。我々のどこに、そんな真実があるとみたのだろうか。

彼らは知的に解釈して済ますことには、もう飽きていたのだと思う。知的な解釈からは、ついに真実の体験が得られない。それで、再度、釈尊の十二因縁の法則に従って、心が働く元の動機をたずねていったのだと思う。

釈尊は人間に迷い苦しみが生ずるのは、老いて死ぬことがあるからだとみた。老死を怖れて生きることに愛着するところから、さまざまな思いが生じてくる。その思いはいかなる縁（条件）に因《よ》って起るのか。さまざまな感情に因ってである。感情は何に因って起るのか。身体に具わった、眼・耳・鼻・舌・身・意の六官で受けた情報を認識することに因る。その認識は何に因るのか。物に対して行動を起したことに因る。では、行動は何に因ったのか。行動が起るのは根本に無明《むみょう》があるからだった。

思いの生ずる本をたずねて、十二段階の因縁をたどり、最後に無明にゆきついた。無明は、我々がまだ善悪も苦楽も思う以前の無知の場である。だが、無限の過去から積みなしてきた体験のすべてが蔵されている場でもある。迷いも悟りも好きも嫌いも、思いのすべてはここから始まっていた。

宇宙の創成に連なってきた

では、無明の場はいったい何に因っているのだろうか。無明が在ることの原因だけは、我々の思いでは知り得ぬことだった。しかし知らなくとも、いっさいの思いを無限に生滅させては、存在するための根本動機になっている。そんな無明の在りように、永遠の創造性をみた。つねに、いっさいを生かそうとして止まない、無限の働きをみたのである。

行動にしたがって思いを起こせば自己が確認される。思いを起こさねば自己という思いは確認されない、自己は滅して、ただ無明に戻っている。生かそうとして止まない、根本の創造性だけになっている。

この創造性、いつから始まったのか。むろん、宇宙創成の以前からというほかない。宇宙自体もこの創造性に与《あずか》らねば現れてこなかっただろうからである。今日に至るまで、この世に現れた物はみな、初めから宇宙的な創造力を分与されて現れた物である。この事実は、命がどこから始まったかを見直してゆけば、だれでも知らされることである。それで編纂者は、この意志を「一仏乗」と呼んだ。あまりに広大な働きで、仏の智慧に与っているとしか自覚されないからだった。

苦痛と安楽

『坐禅儀《ざぜんぎ》』は、北宋の長蘆宗賾《ちょうろそうさく》禅師が編したものとされるが、坐禅の仕方と禅の要諦を説いたものである。そのなかに、「ひそかに思うに坐禅はすなわち安楽の法門なり。しかるに人疾《やまい》を致すもの多きは、けだし用心を善くせざるが故なり」という語が出る。

「私がひそかに確信していることは、坐禅は心を安楽にする一番の道だということです。それなのに坐禅して、かえって精神病のようになる者が多いのは、結局は心の用い方が正しくないからです」と。

しかし私自身は、長いあいだ「坐禅は苦痛の法門なり」と思っていた。坐禅すると脚が痛くなり、腰も痛くなる。ある人が、「あまりに痛くて、両脚を刃物で断ち切りたいような思いになった」と述懐したが、まことに初心者には地獄の責め苦にも思われるのである。

修行道場に入門すると、足腰の苦痛に加えて、先輩から警策で叩かれたり怒鳴られたりする。そんな苦痛にはやがて慣れるが、慣れないのは参禅の苦しさである。臨済宗の修行者は公案を与えられ、日々に師の室内に入って、公案への見処《けんじょ》を答えねばならない。これを参禅と呼ぶが、たいていは弟子が何を答えても、師はすべて否定する。分別知の理解ではなく、真の体験知をもって悟らせるためである。だから、すぐに弟子は行き詰まる。すると師は、汝に確かな見処がないのは、道を求める真摯な心が足りないからだと責めたてる。私にとって参禅は、一番の苦痛だった。とても「安楽の法門」ではなかったのである。

身体と心と丹田をゼロにする

ところが、坐禅はやはり「安楽の法門」だった。私がそのことを信じなかったのは、「けだし、用心を善くせざるが故」であった。心の用い方が正しくなかったからである。

『坐禅儀』は、身体を坐禅の形になしたあとの調え方を、次のように説く。

「徐々に身を挙げ、前後左右に反復揺振《はんぷくようしん》して、すなわち身を正して端坐せよ。左に傾き右に側《そばだ》ち、前にかがまり後ろに仰ぐことを得ざれ。腰・背・頭頂の骨節をして相さされ、状浮屠《かたちふと》（塔）の如くならしめよ。また身を聳《そばだ》つことははなはだ過ぎて、人の気を急に不安ならしむることを得ざれ」と。

坐ったとき、両膝先と尾骶骨《びていこつ》が作る三角形の中心に臍《へそ》が来るように腰を入れ、上半身を塔のように立てて力を抜く。まず身体を前後に揺らして前でも後でもない中心を定める。さらに身体を左右に揺らして左でも右でもない中心を定め、先の中心に合わせる。前後でも左右でもない中心は、結局、臍から五、六センチ下の丹田《たんでん》に定まるだろう。

頭の位置は大事である。首を真っすぐにしすぎると、かえって雑念がわく。また前に倒しすぎても雑念がわく。やや顎を引いて頭を傾ける。この傾けようが適当だと、自ずから雑念がわかない無心が定まってくる。意識で無心になるように勤めるから無心になるのではない。身体と心が丹田を中心に均衡し（つまり、全身心のバランス感覚がゼロになっている感覚である）、どこにも違和感なく調ってゆくときは、自然に雑念が消えて無心になる。我々の身体は、そのようにできているのである。これはスポーツや武道や茶道など、身体の使い方に苦心してきた者なら、だれも自覚してきたことだろうと思う。

だれでも無心になる

坐禅して、身体と心が丹田を中心に均衡しているのに、雑念が生じるように感じるなら、それは身体と心が正しく丹田に定まっていない。たいていの場合、顎が上がっているか下がっている。あるいは腰が入っていない。そんなときは、「念起こらば、すなわち覚《かく》せよ」と『坐禅儀』は説く。「すぐに、念が生じたことに気づけ」というのである。

ただ雑念のときは、雑念が生じていることにも気づかないから、「数息観《すうそくかん》（すそくかん）」は大事である。

「数息観」は坐禅のとき呼吸を数えながら、意識を数に集中させることで心を調える方法と教えらえる。しかし、なかなか数に集中できないものである。私は数を数えながら、身・心・丹の中心を確認する方に意識を集中させる。この方がすぐに全身心が調うからである。この方法は初心者熟練者を問わない。均衡がゼロになる感覚をちゃんと会得すれば、だれでも無心が体験されるものである。

始めは意識的にゼロ感覚を調えているが、そのうちゼロの方から己になってきて、自然に己が無くなってしまう。そこで始めて、世界と己は元から調和されてきたことを悟るのである。

身体と心と世界を丹田を中心にして均衡させてゆく。この方法は坐禅だけではなく、あらゆる日常の行動にも応用できる。工夫してゆけば、だれでも日常がそのまま「安楽の法門」だったことに気づかされる。まずは、炎天の夏や厳寒の冬に工夫されるとよい。存在の根底に、暑さ寒さに関わらぬ無心の場を発見されることだろう。

存在と時間

時間ほど不思議なものはない。かつて止まったことがないのである。だから、この世に現れたもので古いものは一つもない。永遠に止まることがないから、宇宙に在るものはみな、刻々新たにされてゆく。いったい、このように働く時間の、その正体は何であろうか。いかなる動力によって、止まらないでおられるのだろうか。

実は時間を働かせている大本の動力、働きの主体を、人はだれも知ることができないのである。なぜなら、我々が時間と共に生きる者だからである。我々が時間を創《つく》ったわけではない。我々はただ、初めから時間の働きに与《あずか》って活かされてきただけである。だから、時間を知ろうとすれば、どうしても相対的に捉えるしかない。人間の知性上に取り上げて、概念化した数字をもって言うほかないのである。

我々はそうやって、時間の長短を言ってきた。しかしだれも、正しい時間の長さを言ったことがない。いつも個々の感覚上で捉えた長短を、勝手に言ってきただけである。何かに夢中になっているときの一時間と、何も為すことなく無意味に過ごすときの一時間は、長さの感覚がまったく違うのである。同じ一時間でも、人によってみな違って感じられている。だから、我々に正しい時間など決められるはずがない。どんなに時計が正しく時を刻もうと、我々の知っている時間は、個々の感覚に錯覚された、虚仮《こけ》の時間なのである。真実の時間ではない。

時間は存在の根本動機

真実の時間は、いっさいに及んでいる。宇宙に現われたもので時間の流行から外れたものは一個もない。刹那も外れては、いかなる物も存在しえないのである。しかも、みな今という一時に同時現成してゆく。時間の前ではいかなる存在も、絶対平等の場にある。それでいて具体的には、一つとして同じ姿になることがない。時間が相《すがた》をもつときは、必ず個々に差別相をもって現れるからである。しかも差別相の一々は、宇宙を在らしめている時間のすべてを、丸ごと受けて現れてくる。時間の一部分だけ受けるということがないのである。

塵ほどの小さな物も、全宇宙の時に連なっての存在である。だから古人も、「一微塵の中に全宇宙を納む」といった。

どうして、そんな風に働くのか。時間は実際の相を持っていないからである。時間の本性が実相を持たない、空っぽなものだからこそ、あらゆる存在に平等に及ぶことができている。空気は空っぽなもので、実体がないから、大自然にあるいっさいの差別相に平等に及んでいる。そのように、時間がいっさいの差別相に平等に及ぶのも、実相をもたない無相が本性だからである。

実に時間は、個々を確かに在らしめる根本の動機である。個々が刻々変化して止まないのも、時間の本性が空っぽで、無相だからである。

もし時間の本性が無相でなくなって、実相を持つことになったら、どうなるか。それは時間がある相に留まることだから、時間は即座に止まってしまう。そして時間が一瞬でも止まれば、宇宙自体も即座に無くなってしまうのである。時間が永遠に流行することで、宇宙の全存在が新たにされてきたからである。

このことを頭だけで考えると、少しぐらい時間が止まっても、また動き出すように思うかも知れない。しかし、人間が作った時計は止まることがあっても、時間は永遠に止まらない。だからこそ、瞬間にも相を持つことがないのである。無相で空っぽであることが、時間がいっさいに平等に及んでいることの、確かな証しなのである。

みな一つ大地に坐っている

ある禅僧が坐禅のことを説いて、「坐という字をよく見なさい」といった。「坐」は土の上に人を二つ書く。一つの人は、感情のままに流されてしまう弱い自分のことである。もう一つの人は、この弱い感情のままに流されている自分を、冷静に見据える真実の自分である。坐禅は、この真実の自分に出会う道だと。

この言葉は、坐禅のことを勝手に頭で解釈して、こじつけたものである。真実の坐禅体験からいわれたものではない。祖師方は決してこのようには説かれなかった。もし「坐」の字で禅を説きたいなら、「土」の方を見なければならない。二つの人は人間を代表させたもので、すべての人々がみな、一つ大地の上に坐っている字である。弱い自分も真実の自分も、悪人も善人も、不幸な人も幸福な人も、みな平等に一つ大地に抱かれてある。悟っていようと迷っていようと、大地はそのことで差別したことがない。存在するために必要な分だけは、だれにも不足なく与えて、かつて一人も大地から外したことがない。坐禅は、この事実に気づくための行である。

そんな大地もまた、時間という無相の動機に与っての存在である。その空っぽな本性に突き動かされて、刻々大地になってきた。だから今日も、いっさいの存在を休みなく新たにさせて、止まないでいる。

第五章　大いなるかな心や、心は天の上に出る

大阪の我《われ》と東京の我

迷った心で心を悟らせようとするから、ついに悟ることができない。我々が修行して仏心を悟ろうとするのは、いまは心が迷っていると思うからである。それで、坐禅して心を静め、悟りの境地を得たいと願う。悟れば心に寂静の境地を得て、物事を平常な眼《まなこ》で見ることができるようになれると思うからである。

しかし、迷っている心で心を悟らせようとしても、悟るはずはないのだと気づかねばならない。闇を明るくするのに、闇の力で明るくすることはできない。その代り、灯りを点《とも》せばすぐに明るくなる。それと同じで、迷った心では悟れない。悟りを願うなら、悟った心で悟るほかないのである。もし、迷っているときの心に悟りの心があるはずはないと思うなら、ついに悟ることはできないだろう。ほんとうに迷っているときは、迷っていることにも気づかないで、ひたすら迷っている。だから、己が迷っていると気づくときは、すでに、そこに悟りの心がある。迷いのなかでも悟った心が働いているから、己が迷っていることに気づいたのである。

されば、部屋が暗いときは、部屋の中に電気のスイッチを探せばよい。迷ったときは、迷いの中に悟った心を見つければよいのである。

家に二主なし

西川《せいせん》（四川省）の黄三郎《おうさぶろう》には、二人の息子があった。馬祖道一《ばそどういつ》禅師（七〇九～七八八）のもとにやって出家させたところ、一年して家に帰ってきた二人を見て、驚いた。まるで生き仏のように素晴らしい者になっている。そこで深く礼拝していった。

「古人は『我を生む者は父母、我を成す者は朋友《とも》』といわれた。君たち二人の僧は、今日から我が朋友だ。この老人を真《まこと》の者に成してくれ」と。

二人がいった。「お父さんは年を取っておられますが、もしそんな志がおありなら、どうして難しいことがありましょうか」と。父親は大喜びして、さっそく在家の姿のまま、息子たちと共に馬祖禅師のところへ出かけていった。

洪州《こうしゅう》の開元寺に着いて、僧が来意を告げると、馬祖はすぐに法堂《はっとう》の座についた。黄三郎がその前に来ると、馬祖が訊いた。「これ、黄三郎とは汝のことか」三郎が「そうです」と答えると、馬祖は「西川からここに来たというが、黄三郎は今、西川にいるのかね、洪州にいるのかね」と問うた。

たとえば、大阪からはるばる東京に出てきた者に、「今、君は大阪にいるのか、東京にいるのか」と訊いたのと同じ問いだった。しかし黄三郎はこの一問で、即座に馬祖の真意を納得したのである。そこで、「家に二人の主人はいませんし、国に二人の王様はいません」と答えた。己が今立っている場所を、大阪とか東京とか思うのは、土地の名前で我を縛って見たのである。永遠の場に我を置いてみれば、どこの土地にあっても、「我は今ここに在り」というほかないだろう。我という存在は、土地の名前の違いで二分されるような者ではない。つねに只今に唯一の我となって在るばかり。その事実に気づかされた故の、黄三郎の答えだった。

たぶん馬祖は、いささか驚いたのだろうと思う。それで思わず「年は幾つか」と訊いた。ずいぶんに年老いた親父が、実に的に当たった返答をしたからだった。「はい、八十五歳です」。訊かれて素直に答えた黄三郎だったが、今度は馬祖が問わねばならなかった。答え方が正しいからといって、禅者たるもの、それだけで許してはいけない。ほんとうのことを知らない者に限って、いかにも分かったように言うものだからである。そこで「そうではあろうが、それはいったい、何の年を数えてのものかな」と問うた。二つに分かれるような者ではないといいながら、今度は、八十五というような数に分けていうのかねと。

黄三郎は答えた。「もし和尚にお会いしなかったなら、虚しく一生を終わるところでした。師にお会いしたお陰で、以後は刀で空を断ち切るようです」と。さっき来たときの黄三郎は、影もないような答え方である。馬祖はそれを聞くと、「もし本当にそういうことなら、至るところで真実に任せてゆくばかりだな」といった。

木にあっては、花を咲かす力が花を散らす力でもある。今年花を散らした力で、来年に新たな花を咲かせている。咲かす力も散らす力も同じ一つ力の働きである。我々も迷う心と悟る心は一つ心の働きである。迷った心で見るから、別に悟りの心があるように思う。悟った心で見れば、心には元々迷いも悟りもないことが知られる。修行して迷い心を払うのではない。初めから具わっている悟り心に気づいてゆくばかりである。

もう老人だから、修行はできないなどと思ってはならない。黄三郎は八十五歳の老人だったからこそ、年齢にまったくかかわらない永遠の場が、だれにも具ってきたことを悟ることができたのである。

学者と禅者

亮座主《りょうざす》は、三十年も仏教を学んできた僧で、仏典を理解し解釈することでは第一人者を自認していた。それで、大衆に向かってしきりに仏教の道理を講じてきた。ところがある日、黄三郎《おうさぶろう》という老人が、座主の講義を聴いたあと大声をあげて泣いている。座主が「どうして泣くのか」とわけを訊くと、「お聞きでしょうか。私は馬大師のところで教えを受けたとたん、即座に悟って安心を得ました。あなたがた座主は、語句の意味ばかり説明して何を為そうとするのですか」といった。座主はこの問いに、急に行き詰まった。仏典の語句を詳細に解釈できても、自ら真に安心を得たものではないことに、気づかされたのである。そこで発心《ほっしん》して、馬祖道一《ばそどういつ》禅師の住む開元寺に出かけていった。

馬祖は座主に会うと、訊いた。「聞くところによれば、座主は大いに経論を講じておられるという。ほんとうですか」。座主、「まあ、そんな風です」。馬祖、「では、座主は何を働かせて、それを講じているのですか」。座主、「無論、心を働かせて講じています」。馬祖、「心は芝居を演じる[illegible]て、意はそれに合わせている脇役のようなものでしょう。芝居の筋書きは作者が作ったもの。どうして主役（心）が、よく経論（仏が作った筋書）を講ずることができましょうか」。どんなに上手に講じても、主役の心と仏の真意とは別々のものでしょうと。

馬祖がそういうと、亮座主は声を荒げていった。「心が講じるのでなければ、虚空が講ずるとでもいうのですか」。馬祖、「かえって、虚空だから講じることができているのだ」。

座主はとても肯《うけが》うことができなくて、出て行った。寺の階段を下りていると、馬祖が後ろから「座主」と呼びかける。座主が立ち止まって振り返ると、馬祖は「何者が、そうするのだ」と訊いた。亮座主はとたんに、虚空が講じていることの意味を悟った。そこで、思わず礼拝すると、馬祖は「鈍感な和尚さんだな。礼拝して何を証明しようというのかね」といった（『景徳伝灯録』巻八・『馬祖語録』）。

どんなワナもない

禅文化研究所発行の『景徳伝灯録』（平成五年刊）は、見当はずれの注釈が多い書だが、ここでの問答は、経論を知的解釈で済ませている亮座主の理解を点検して、馬祖が「禅的受け止めかたのワナを仕掛けた」のだと記す。まったく見当はずれの注釈である。禅者はワナなど仕掛けない。悟った者と迷った者というようなところで、存在の真意（仏性）を見てこなかったからである。真意は、人間のいかなる価値観にも依ることのない、まったくの虚空（空っぽ）に与ってのものと気づかされてきた。古来、祖師方が勤めてきたのは、その気づきを、互いに確認しあうことだった。だから、修行者のどんな問いにも答えにも、真意を直《じか》に示してきた。ときに修行者を褒《ほ》めたり貶《けな》したり、肯定したり否定したり、棒や喝を行じたのは、相手の間違いを質《ただ》すためではない。直に彼自身の真意を悟らせようとの方便だった。

亮座主も、馬祖の一言ですぐに納得させられた。それで自分の寺に帰ると、学徒に向かっていった。

「私が今まで講じてきた論理に及ぶ者は、だれもいないと思っていた。ところが今日、馬大師に問われて、日ごろの論理がすべて氷解して無くなってしまった」と。

以後、学徒を解散して、西山（現江西省の西にある山）に入ったまま消息を絶ってしまった。

解釈しない勇気

座主のように自分の学問に自信をもって、大いに説いてきた者が、ある日、急に真意を悟って、過去の講義がすべて間違いだったことに気づく。もしそれが私なら、いかに従来の見解が間違っていたかを説いて、一々訂正して止まないだろう。座主はそうしなかった。弟子たちをみな解散させ、自分は西山に隠れてしまった。そして、二度と世間に出なかったのである。どうしてか。己の間違いを質すことこそ、師として責任あるやり方ではないのか。大半の人が、そう思うだろう。

座主が悟ったことは、存在の真意には正しさも間違いもないという一事だった。初めから、正しさからも間違いからも離れている。だから、どんなものにも真実となって及んで、ついに外れることがない。

講義すれば、従来の解釈と比較しながらその是非を説くことになる。長くそんな風に説いてきたから、今さら質しても、学徒は是非の解釈から出られない。そのことがよく納得されたから、自ら消息を絶つことで、解釈を離れた絶対の真意を直に露わにさせた。

大変な勇気である。学者にこの勇気があれば、道は即座に天下に明かされよう。そうならないのは、みな語句の解釈を他と比べては、己だけの見解を喜んでいるからである。無論、私もその同類である。お陰で、無量の解釈を生じさせている。罪は深いのである。

仏教と葬式

今から二千六百年余の昔、インドの釈尊（ブッダ）によって説かれた教えは、縁起と因果の法理であった。この世の現象はすべて、縁（状況）に従って起こされ、縁に因《よ》って結果を現したものである。物はみな、その時々の状況に応じて、刻々に新たな相（姿かたち）を見せるばかりで、縁が無くなれば相も無くなってしまう。だから、どんな物も瞬間も定まった相を持つことがない。釈尊は、そんな風に物が無常の相を見せるのは、物の本性に「空」が働くからだと悟られた。

「空」が主体になって物を在らしめてきたから、「空」はよく万象に及んで、外れることがない。物はこの世に現れると、つねに増えたり減ったり生じたり滅んだりの相に止《とど》まろうとする。だが、「空」は空っぽだから、増減生滅に止まることがない。それ故に、どんな物にあっても「空」のすべてを尽くして自在に働き、余すことがなかった。

古来、仏教の祖師方も、こんな「空」の働きの妙を悟って、人生を自在にしてきたのである。

実際、我々に苦しみが生ずるのは、縁起と因果の道理を悟らないことが原因である。愛しいと思っては欲しいと願い、憎いと思っては捨てたいと願う。我々はいつも目前の結果に捉われ、本来無常の世界を実相あるもののように錯覚して、我が身に止めようとしてきた。その思いがさまざまな苦しみを呼び起こしてきたのである。祖師方は、そんな衆生の苦しみを憐れみ、いつも因果の道理を説いて、真実安心の道を示してきた。

心と身体は別々の物ではない

昔から祖師方の教えに魅せられて出家した者（仏教僧）は、無数にいる。そんな中から、仏教の法理をいよいよ深める者も現れて、やがて広大な仏教哲学体系が創造されていった。だから僧は、先人の遺した仏教哲学を学び、因果の道理を悟って、正しく仏教の真意を伝えてゆく者になった。そのために、従来、山中や寺に籠って厳しい修行に身をさらしてきたのである。

もっとも、僧がみな、釈尊の教えを正しく伝えてきたわけではない。

唐代に、南陽の慧忠《えちゅう》国師は、すぐれた知識（仏道の師）として知られた禅僧だった。あるとき南方から来た一人の僧に訊いた。「今、南方の知識は、どのように説いて人々を教えているのかね」と。

僧が答えていった。

「心が仏だと教えます。身体は生滅（生死）があって無常なものですが、心は宇宙が始まって以来、生滅することがない。たとえば家が焼かれたら家主が外に逃げ出すように、身体が死ぬときは、心の本性（仏性）は身体から離れて滅ぶことがないのだ」と。

国師はその答えを聞いて、いった。

「近ごろもっとも盛んな教えだ。至るところでこの見解を聞くが、もし仏道がこのような見解のものなら、外道《げどう》と違わない。苦々《にがにが》しいことだ。吾が宗教は滅んでしまうことだろう」と。

南方の知識の教えには、縁起と因果の道理を悟った眼《まなこ》がなかった。それで、死ねば生きているときの心が身体を離れて、何か霊魂のようなものに変化して存続してゆくように考えた。

事実は、そうではない。人になる縁に与って生まれてきた身体だから、その身体の縁が滅べば、縁を運ぶ働き自体が「空」に帰してゆくばかりである。しかし「空」に実体はないから、物に触れたとたんに、瞬時に新たな縁を起こさせて、物を新たにしてゆく。そのように自然にある物はみな、「空」を創成の原因にして縁を新たに起こしながら、「空」によって生滅を繰り返しているばかりである。そこに別な心や霊魂が働いていることはないのである。

真に「空」に帰してゆく

仏教経典の中に、人は死んだら前世に積んだ業に応じて、六道（天・人・修羅・畜生・餓鬼・地獄）を輪廻転生してゆく、というような教えがある。仏教以前の古いインド人の考え方が紛れ込んだもので、僧が葬式をする一つの根拠になってきた。だから、現在の日本で僧と聞けば、大半の人が葬式の導師として、読経して霊魂を弔う者だと思っている。

本来葬式は仏教僧の勤めではなかった。元は儒教や道教の徒の勤めだった。釈尊が、僧は葬式を行って生活の糧にせよと説いたこともない。もっとも現代は、釈尊も弟子の僧が死んだときは葬送の儀式をしたといって、僧が葬式をしても構わないのだと弁解する学者もある。

それでも、もし僧として死者を弔いたいのなら、己が心を「空」にして行わねばならない。鈴木正三《しょうさん》禅師の言葉に、「死者を弔うときは、僧が死者になりきって、死者の苦を一身に背負って行え」（『驢鞍橋《ろあんきょう》』）とある。死者になりきって初めて、真に死者を「空」に帰すからである。

公案体系と禅修行

臨済宗の禅修行は公案に参ずることが中心になっている。公案は禅の祖師方の語録の中から選ばれた言句のことで、その言句を以て師が弟子の悟境を点検したり進めたりする、そのために用いるものである。また弟子の方は公案に参ずることで、祖師方の悟境と等しくなることを求め、さらに会得した悟境を自在に運用できるように工夫してゆく。そのための鑑《かがみ》と為しゆくものでもある。

たとえば、「首山竹篦」という公案がある。北宋の首山省念《しゅさんせいねん》禅師（九二六〜九九三）が竹篦《しっぺい》を持って大衆（修行者）に向かい、「もしこれを竹篦と呼べば、名前に縛られることになる。竹篦と呼ばなければ、これを認めないことになる。さあ君たちよ、では何と呼べばよいのか」と問うた。名前は人間の都合でつけられるもので、物自体は本来無名の存在である。されば、名前で呼ばれる以前の、無名のときの竹篦自体は、何と呼べばよいのかと訊いたのである。竹篦は長さ五十センチ幅五センチほどの竹の板である。

公案の言句には、祖師方が苦心の工夫のなかで会得してきた、人生の真実がこめられている。もし存在することの真意を悟りたい者が、真摯《しんし》にこの句の意義を究めてゆくなら、必ず首山禅師が、我々を在らしめてきた根源の主体を明瞭に指摘していたことに気づかされるだろう。

公案体系という階梯

後に一千七百の公案といわれるようになったのは、宋代に編集された『景徳伝灯録』に、一千七百人の祖師方の問答が載せられていることによる。古来、禅の祖師方は、その中から適当な言句を選んでは、弟子を指導してきた。ところが日本に白隠慧鶴《はくいんえかく》禅師（一六八五～一七六八）が出ると、「公案体系」というものを創案したという。公案に理致・法身・機関・言詮・難透・向上・五位・十重禁戒・末期の牢関等の階梯《かいてい》を設け、各階にそれぞれ数十余の公案を配置して、その全階梯の公案を参じ尽くした者が、禅修行の終わった者としたのである。

私事になるが、私は一応の公案修行が終わった後、禅語録の漢文が自由に読めるようになりたいと思って、虚堂智愚《きどうちぐ》禅師（一一八五～一二六九）の『虚堂録』や大慧宗杲《だいえそうこう》禅師（一〇八九～一一六三）の『大慧書』などを、白文（漢文のまま）で読むことに努めていた。およそ二十年の間くり返し読んでいたが、そのうち従来勤めてきた坐禅の仕方が誤っていると気づかされるようになった。そればかりか、会得したつもりの公案の見解も、ほとんどが見当外れだったことが明らかになる。私は改めて白隠禅師の語録を読み直してみた。すると、禅師もまた『虚堂録』『大慧書』を読んで従来の見解を一新されたのだと知らされた。

修行して積んだような境地は、それがどんなに優れた境地であろうとも、認知症のような症状になれば何の役にも立たぬ。修行ではついに積むことのできぬ事実が、我々を生かそうとして止まない働きとなって永劫の昔から貫いてきた。この事実によってだれも真の安心を得てきたのである。白隠禅師もここに思い至って、祖師方の真意を正しく悟ることになった。だから禅師が、「公案体系」のような修行過程を作るはずはないのである。階梯を設ければ、悟った人迷った人という誤った差別概念で衆生をみることになる。たぶん「公案体系」のようなものは、後世のだれかが、白隠の名に仮託して作ったものだと思う。

根こそぎ奪ってゆく者

この「首山竹篦」の公案、一般に弟子が「棒っきれ」と答えると、師が「触れる（名称に限定された）ところは、どうするのか」と問い、弟子がその竹篦を奪い去ると、一応正解したことになる。そんな見解を大慧禅師が批判して、「汝が竹篦を奪い去るなら、奪い去るに任せよう。ただ露柱《ろちゅう》を露柱と呼べば触れ、呼ばなければ背く（認めることができぬ）。その露柱ならどう奪うのかね」と訊いた。露柱は、仏殿の屋根を支えている太い柱のことである。人が奪い去ることなどとてもできぬ。すると、そこへ舟峰《しゅうほう》和尚という者が出てきていった。「和尚の竹篦の話を聞いていると、人の家の全財産をすっかり没収した上で、更に税金を徴収しようとするようなものですな」と。そこで大慧は、「汝の譬えようは極妙だな。わしは汝らが真に税金を納め尽くしてゆくことを求めているばかりだよ」と答えた（『大慧普説』）。

ここでいう税金は、我々の分別心のことである。分別して是非する心が我々を迷わしている。だから、禅者はつねに一切衆生の税金を根こそぎ奪い去って、無税で人々を安心させてゆこうとする。公案修行が終わったからといって、禅の修行が終わることはないのである。

思いと心

鎌倉時代に明庵栄西《みょうあんえいさい》禅師（一一四一〜一二一五）は、心の広大無辺な様子を讃えて、次のように説かれた。

「大いなるかな心《こころ》や、天の高きは極むべからざるも、心は天の上に出《い》づ。地の厚きは測るべからざるも、心は地の下に出づ。日月の光は踰《こ》ゆるべからずも、心は日月の光明の表《おもて》に出づ。大《だい》千沙界《せんしゃかい》は窮むべからずも、心は大千沙界の外に出づ。それ太虚《たいこ》か、それ元気か。心は則ち太虚を包んで元気を孕《はら》むものなり」と（『興禅護国論』の序文）。

何と大きなものではないか、心とは。天は果てもなく高く極めがたいのに、心は天の高さの上に出ている。地の底は厚く深く測ることもならぬのに、心は地の底の下に出ている。日月の光は普《あまね》く照らして、照らさぬものはないのに、心は日月の光明の外に出ている。大宇宙は窮めもなく無限なのに、心は無限の外に出ている。大虚空か、天地創成の元気か。心は大虚空を覆《おお》い尽くして、元気をいっぱいに孕《はらん》んだものなのだ、と。

心は、天の高さも地の深さも日月の光明も宇宙の無限も超えて、更にその外にあって働いているといわれた。実に人間の知性上では想像もできない、無限大の心をいわれたように見える。一般に我々は「心に思う」などといって、何かを思うものが心だと思っている。だから、栄西禅師のように大きな心を説かれても、我が心のことではないように思う。あるいは、厳しい修行を積んだ者の特別な心のように思う。そうではない。いっさいの物を在らしめている根本の主体者として、心を説かれたのである。しかもそれが、だれにも平等に具わっている心の本性として説かれた。

車が動くためには、その前にエンジンの働きがなくてはならぬ。そのように、いかなる物も、それが存在するためには、存在させるための働きが先にある。人間も、自分の力で生きているわけではない。生かそうとする働きが先にあってのものである。この先にあって働くもののことを、心と呼んだ。

思わねば心も無い

しかし禅師はなぜ、この心を天地、日月、宇宙の外に出るといわれたのだろうか。心が有ることは、思うことで自覚されてきた。思わねば自覚されるような心も無い。心が思うことで自覚されるものなら、心自体は思うことの先にあると気づかねばならぬ。それが「外に出る」といわれた所以《ゆえん》である。我々が天地、日月、宇宙のことを思えば、天地、日月、宇宙が、思いの中に限定されて相（姿形）を現してくる。思わねば、天地、日月、宇宙も限定されようがない。だから、何も思わぬときの心は無相で、ただ大虚空のごとく空っぽのままでいる。

栄西禅師はまた、「天地我を待って覆載《ふくさい》し、日月我を待って運行し、四時我を待って変化し、万物我を待って発生す」と説かれた。

天地は我が在ることによって地球上を覆い尽くし、太陽と月の光は我が在ることによって宇宙を巡り、四季は我が在ることによって春夏秋冬の変化を生じ、世界に生ずるいっさいの現象は我の在ることによって起こっていると。

私が思うときを待って、宇宙の万象も姿かたちを現してくる。私に思いがなければ、宇宙も姿かたちを現すことがないといわれた。これまた信じられなくて、私に思いが有ろうと無かろうと、宇宙に万象が在るのは事実ではないかと、そう思う者は多いだろう。有る無しを思いの上だけで見ようとするから、そう思ってしまう。実に禅師は、我々の思いの有無をまったく離れたところで、心の実際の働きようを言われたのである。

思えば見方が偏る

たとえば我々が太鼓を叩くと、叩き方の強弱に従って音が鳴る。こちらの叩く力に不即不離《ふそくふり》に応じて、叩いたままに響いてくれる。太鼓の中が空っぽだからだ。しかし、胴の中に何か異物が入れば、どんなに上手に叩いても、異物に邪魔された音しか出ない。心もそのように本性がまったくの空っぽだから、よく刻々の状況変化に、刹那も外れることなく、自在に応じている。目は色を見、耳は音を聞き、鼻は臭いをかぎ、口は食物を味わい、身体は行動する。生まれて以来の機能をあるがままに使って、心が間違うことはない。

もし目に空を見ても地しか見えず、地を見ても空しか見えず、身体に日光を受けて月光しか感じられず、月光を受けて日光しか感じられないなら、心のどこかに異物が入っているからだ。異物は我々の思いである。思いはいつも、己のために損得を計り、好き嫌いを選ぼうとして起こる。思いがある所、必ず見解が己だけの正しさに偏ってしまう。故に祖師も、「汝がいっさいの物に対して、念々に思いを無くしてゆくところを、菩提心（悟りの心）と呼ぶのだ」（『臨済録』）といわれたのである。

修行と妙境

どんな宗教にあっても、宗旨に深く通じて信心を確かにしようと思えば、それぞれの宗派が設ける専門道場に入門して修行する必要がある。その修行方法は宗派によって異なろうが、教義を知識として学ぶことと、それを具体的に会得させるために、身心を尽くして体験修行させることは同じだろう。その体験修行も多くは、心を一所に集中させることで、従来野放しにされてきた雑念妄想を払ってゆくものである。我々が日々に生じさせて止まない雑念妄想が、心を迷わす一番の原因と思われてきたからである。

一般に修行は、初めに宗旨を開いた祖師の体験に従がって行じられる。祖師方も、まずは思念を一所に集中させることで、心を純真に為し、己を在らしめている大本の真意を悟らせようとしてきた。しかし、心を純真に為そうとすれば、するほどに、雑念妄想も尽きることがない。真摯に修行してきた者は、いつもこのことに突き当たって呻吟《しんぎん》してきたのである。それでも、この不自由な心を脱して自由に生きたいという願いが絶えないのは、いつか必ず真意に出会えそうな予感が、心のどこかに残されてきたからである。

なぜ真意に気づかないのか

そんな風に、ともすれば絶望にさらされながらも、諦めることなく修行に勤めた者は、やがて、自他の念が毛ほどでもある限りは、実在の真意が露わにされないことに気づかされる。修行してどんなに善き心境を感得しても、その善き心境を保とうとする思いが、また迷い心になってしまう。そのことが痛感させられて、いよいよ自他の念を無くすことが課題になってゆくのである。だが、その無くそうとする念がまた、迷いの本になってしまう。結局、そのことは分かっているのだが、更に勤めてゆくほかにないのである。

自他の思いを無くそうと勤めては、自他の思いの尽くせないことに苦しみ、いよいよ激しく統一を目指しては、まだなり切っていないことに気づかされる。そんな繰り返しが修行とも思われて、月日の経つのも忘れている。もうどんな修行も無意味になって、すべての方策が尽き果てている。そんな一日、フト真意に直入することがある。そこで始めて、求めなくても済んでいる心があったと気づかされるのである。

だれの心にも、初めから迷いなき心が具わっている。己に雑念妄想があると思っていたのは、雑念妄想で心を見るからだった。最初から迷いなき心でおれば、自他に分かれて働くような心は、初めからないのである。

この世に現れるもので、この真意を離れて存在するものは一つもない。古来、真正の悟りを得た祖師方はみな、この事実を悟ってきた者である。そして、なぜ我々は、こんな当然の事実に気づかないまま迷って生きるのか、その意味をつねに考えてきた者である。

実は心が純真になると、つい妙境を感得してしまうのである。その妙境への思いが迷いの生ずる原因だった。心から雑念がなくなると、思いが静寂な統一境に包まれることがある。なぜそうなるのか。自他を忘れるほど夢中になるときは、余分な思いが湧かないように、だれでも生まれたときより、そうなってきたからである。それで、思いが集中されないときは、余分な思いが山ほど湧いてくるようになっている。思いにそんな生まれつきの習性があるものだから、修行者が雑念妄想を無くして純真になると、自から妙境を感じてしまう。この妙境は仕事や遊びに夢中になる以上に精神的な充実感を与えるから、修行者はこの充実感をもって、つい人類最高の境地に至りついたと思うのである。悟りの心を「仏心」と呼んで、迷い心とは別の妙境があるように説いてきたのも、この体験による。

思いの妙境に酔った者

ところが、この妙境、錯覚なのである。実在の真意に正しく出会ったものではない。単に意識を一所に集中させると充実を感じてしまう思いの習性に、酔っただけである。その証拠には、集中しないときは充実感も消える。修行しているときは仏様のようなのに、修行が終わると、いつもの雑念妄想する凡夫に戻っている。

初めから迷いなき心が我々の本来の心で、そこには仏も凡夫も、妙境も汚境もない。仏だ凡夫だ、妙境だ汚境だといっても、別に心が二つあるわけではない。一つ心を雑念妄想の思いで二つに分けて見ただけである。二つに分けて見なければ、迷いなき心はだれにも外れなく及んでいることを悟る。

しかし、集中すると妙境を感じてしまう思いに酔って、それを真正の悟りのように説く者は多いのである。妙境に酔った者の言葉を信じれば、聴いた者も酔ってしまう。妙境を説く者こそは要注意である。心して聴かねばならない。

思いから妙境を断じ尽くしたとき、始めて一挙手一投足がすべて迷いなき心で働いてきたことを悟るだろう。古来、真正の祖師方はみな、この事実ばかりを伝えてきたのである。

第六章　天地はつねに書かざる経を説いている

臨済禅と道元禅

臨済は修証を見ない

一般に日本では、「臨済禅」は公案を参究工夫することで自己の本性を明らめてゆく宗派、「道元禅」は公案を使わず、只管《ひたすら》坐禅するところに、普遍的な仏性を確認してゆく宗派と思われている。後に、前者を看話禅《かんなぜん》、後者を黙照禅《もくしょうぜん》とも呼ぶようになって、互いに参じ方が異なる宗旨のように見てきた。

公案は、唐・宋代の祖師方が、禅の要旨を時に応じて展開された、その言葉や行為の真意を究明するために設けられたものである。優れた禅者の言動には、体験した者だけが知る真意が露わにされている。そう信じられたから、その真意を一点の疑いもなく悟るなら、祖師方と眉毛《びもう》合い結ぶ境地の者となるように見做《な》された。禅の修行者は、まずは、祖師方の言動の意味を師に問うことから道に入っていった。師もまた、それに対する応答の仕方で、弟子たちを開悟に導くきっかけとした。従来、そんな指導法が発達して、「臨済禅」の特徴のようにいわれてきたのである。

「臨済禅」は、中国は唐代の臨済義玄禅師（?～八六七）が開いた宗派とされる。しかし、実は臨済禅師と「臨済禅」とは、ほとんど関係ない。「臨済禅」は、臨済禅師の法系につらなる者たちが後世に称した呼び名で、臨済自身が「臨済禅」と呼んだり、公案を用いたりしたことはなかったのである。臨済禅師の主張は、ただ、人が禅を修行したり悟りを得たりする、そのことを徹底否定することで、禅の真意を明らかにするものだった。

「君たち、諸法の師匠方が禅には修行（修）と悟り（証）があるように説く。誤ってはいけない。たとえ修行することがあっても、すべて生死（迷い）の原因となる行為（業）なのだ。仏の悟りを求めたり法（悟られた真意）を求めたりする、そのことこそ地獄に堕ちる業《ごう》なのだ。菩薩を求め、経を誦《よ》み、仏典を学ぶ。これらも皆、地獄に堕ちる業因だ。仏と祖師は無事（何事も改めて加える必要の無き）の人で、修行したり悟ったりすることで出会う人ではない」

（『臨済録』示衆）。

仏典や祖師方の言葉を尊び、修行すれば、そんな祖師方と同じ境地を悟れるように思っている。そんな風だから、己の本性を見失うのだ。なぜ、自身の上に真意を見出さないのだ。己自身を信じていないからだ。他人の会得した真意がどうして己の真意になろうか。

「君たちは自分を信じきれなくて、安心を自分の外にばかり求めている。たとえ外に求めたとしても、それは他人の説いた優れた境地であって、君自身の体験したものではない。君がもし、日々の念々に、他に求める心を止めるなら、即座に祖仏と別者ではなくなる。君たち、祖仏を知りたいと願うかね。ただ、君たちが今わしの目前で説法を聴いている、そいつが、それだよ」（同）。

これは、臨済の代表的な説法である。

「臨済禅」は、このような宗旨を継承しているものをいう。だが今日の日本では、江戸時代に出た白隠慧鶴禅師の法系に連なる者が、「臨済禅」の徒と見倣されているのである。

道元は修証一如と見た

「道元禅」は日本の永平寺開祖、道元禅師（一二〇〇〜五三）が開いた宗旨をいう。これも道元禅師がそう呼んだものではなく、後世に「臨済禅」に相対する宗旨として、そう呼ばれるようになったのだと思う。ただ、道元禅師自身は臨済禅師の言葉を真っ向から批判していて、その代表的な著作『正法眼蔵』の各巻を読むと、

「黄檗《おうばく》禅師（臨済の師）には、諸師に勝《まさ》る力量がある。仏のまだ言わざるところの道を会得し、祖師のまだ悟らざる法を会得している。古今の古仏で、百丈（七四九〜八一四）よりも馬祖（七〇九〜七八八）よりも優れている。しかし臨済には、そのような秀出《ひい》たところがない。理

由はなぜか、古来より仏のまだ説き得ぬ道があることを、夢にも知らないからだ」（『仏教』の巻）などとある。

古仏が説かれた法は、決して言葉に為し得るものではない。真実が言葉になったら、人間の認識上に限定されたものに過ぎなくなるからである。しかし、まったく法が無いのではない。厳然として万古に貫いてきた。この世界の万象の一々の現れが、そのまま仏法現成《げんじょう》の具体的な在りようなのだ。ただ、わざわざ言及すれば、即座に事実から離れてしまう、というのが道元の主張である。

「昔から、魚《うお》が水中を行くのに、どんなに行っても水を離れて行くことはなく、鳥が空を飛ぶのに、空を離れて飛ぶことはない。魚がもし水を出れば、たちまち死に、鳥がもし空を出れば、たちまち死ぬ。水が命であり、空が命である。魚の命を為す水であり、鳥の命を為す空である。それなのに、水を参究し空を参究して、水のこと空のことをよく悟ってから、その後で水中や空中を行こうとする魚や鳥があるなら、水にも空にも生きる道を得ることはできないし、場所を得ることもできない。

（それと同じで）人がもし、仏道を修行して証覚（悟り）を得んと欲するなら、それは、始めからこの仏道の中に通達してきたからで、（私どもが）その事に気づかないのは、気づくということ自体がもう、仏道の中から行われている故でもある。

悟り得たことは、必ず知識見解となって、自己の思念上で確認されるように思ってはならない。悟りの究極は即座にこの場で現成（露出）していても、説明し得ぬ密々のところは、密々のところにあって現成し得ないからだ」（『現成公案《げんじょうこうあん》』の巻）。

道元からすると、臨済はこの事実がまったく分かっていない者だった。道元は始めから「修証は一如」と見てきた。

「この法（仏の真理）は、人々の身体上に豊かに具わっていても、未だ修行することがなければ顕《あら》われることもないし、悟ることがなければ得ることもないのです」（『弁道話』）。

悟りに向かって修行すること（修）と、仏性を悟ること（証）は、本来一如だった。人が修行に志すのも、修行すること自体が仏性の具体的な顕れなのだ。だから修行するほどにいよいよ、仏性のあることが証明されてゆく。誰にも具わった仏性によって、修行がなされているからである。

この一事を悟って宋から帰国した道元だった。問題はその一事を、仏道を学ぶ者としていかに正しく思索し、いかに正しく具体化させてゆくかである。生涯を尽くした、およそ九十余巻の『正法眼蔵』は、すべて、そのためだけに著されたのである。

臨済には仏性も眼中の塵

臨済禅師には修証もなければ、仏性もない。初めから存在の根底に、どんな尊い働きも尊くない働きも認めない。認めなくても、初めから何も不自由なものはなくて、いっさいが済んできた。この事実は、この宇宙が始まる以前からの、本来の在りようなのだという。

「昔から、徳ある祖師方は皆、それぞれに人を自在にする道を示されてきたが、私が人に示すところは、ただ、君たちが自分の心に惑わされるな、ということだけだ。為そうと思ったら、即座に為せ。刹那も思念を入れて躊躇《ためら》ってはならぬ。今どきの修行者が真意を得ない、その病《やまい》因は、どこにあるのか。病の原因は、自らを信じないことにある。君たちが自分を信じないから、慌ただしく目前の出来事に従っては見誤り、外のあらゆる環境に左右されては、自らの自由を得ないでいるのだ」（『臨済録』示衆）。

事物がここに存在するのは、存在の先に、事物を存在させようとする働きがなければならない。道元禅師はそう捉えて、そこに仏性自体の働きをみた。畑で大根や人参が育つのも、仏性の全体作用《ぜんたいさよう》の具体である。ただ、仏性が何か姿かたちをもった実体あるものに見るなら、もう人間の知性に縛られた概念になってしまう。だから、大根は大根のまま、人参は人参のままにして置け。されば、自ずから大根人参が「仏祖の光明」（『光明』の巻）、そのまま仏性の具体である。道元の主張はこのようである。

臨済禅師は道元のいうような仏性は一法も見ない。もし存在するものが悉く仏性の顕現なら、存在はみな仏性に支配されて不自由になると見た。むしろ、仏性が働いているならその仏性自体は何によって在るのか。臨済にはそのことの方が重大問題だった。

臨済の発明は、修行したり悟ったりするような仏性がなくても、初めからいっさいが尽くされて済んでいることだった。存在していること自体に任せて、我が方からは露ほども手を出さない。存在自体は刹那も止まることなく変じて、刻々新たになることで、確かに今ここに現れてゆくばかり。存在することは、初めから人知のいかなる会得からも自由なのである。

「真正の修行者なら、一念も仏の功徳を願うことがない。もし仏を求めようとするなら、仏こそは生死（迷い）の要因なのだ」。されば「一法も人に与える所がない」（『臨済録』示衆）。

自己の存在の外に仏性を見ようとすること自体が、すでに迷いに堕ちる原因だといった。「仏祖の光明」も、臨済にとっては眼中の塵と同じだった。実際、自ら仏性の光明を悟っていない者と思って、死ぬほど苦しみ悩んできた修行者は、山ほどあったのである。

臨済禅と道元禅。今日まで相対して、互いに異なる教示が展開されてきた。道元は臨済系の禅者が尊ぶ馬祖や百丈、雲門や徳山を認めない。維摩居士《ゆいまこじ》は、臨済の徒が崇敬する在家の偉大な禅者だが、真に仏心を悟る者なら必ず出家するはずだと言って、これ又、「未だ尽くさず」と否定した（『三十七品菩提分法』の巻）。

道元禅師は早世されたから、些か短兵急に捉え過ぎたきらいがあると、臨済の末裔である私は思う。だが道元禅の法系に連なる禅者は、人に尊い仏性が具わっているからこそ、勤めれば正しい道を行う者になることができると思う。現代日本人の考え方を顧みるとき、私はそんな道元禅の見方こそ、もっとも日本人の心情に適ってきた思想のように思うのである。

禅と悟り

一般に「禅の悟り」と聞けば、何か特別な心境を開くことのように思われている。悟ると迷い苦しみから解放される。悟ると心が自由になる。悟ると俗情に染まらなくなる。悟ると心が静寂になる。悟ると自己の本性が明らかになる。悟ると生きることの真意が納得される。悟ると人生の諸問題がすべて解決される、等々である。

そんなすばらしい境地を得るためには、まずは坐禅することから始めなければならないと、古来、多くの禅者が説いてきた。坐禅して心を一つに集中させ、いっさいの雑念妄想を去った無心の境地になるように工夫してゆかねばならない。禅の修行は、「どこが打失《だしつ》（一つに成り切れない雑念）のところ、どこが不打失《ふだしつ》（純一に成り切った三昧）

のところと、暇なく点検してゆくことだ」（『大慧書』）
といわれた。
そんな風にして日々怠りなく努めてゆけば、やがて世界と自己とが一如になって、自《おのず》から自他の差別がなくなり、絶対平等の三昧境を体験する。そこで始めて、誰にもすばらしい仏心が具わっていたことを悟るのだという。
禅に参ずることで、生きることの真意を明らかにしたいと願う者なら、こんな素晴らしい境地を一度は体験したいと思うだろう。だから、われわれが怠けることなく、一筋に道を求めて修行に励むなら、誰でも祖師方と同じ心を悟ることができる。そう説かれてきたから、純真な求道者は皆、懸命《けんめい》になって求めてきたものである。

悟りを求めることが、迷いの原因

ところが、臨済禅の開祖・臨済義玄《りんざいぎげん》禅師（？～八六七）はいう。

「今の修行者が真正の悟りを得ないでいる、その病因はどこにあるのか。真正の悟りの境地は始めから自らに具わってきたことを信じないところにある。自らを信じないから、どんなことにも迷い、周囲の環境や他人の言葉に引きずり回され、自己の主体性を見失い、自由に生きることができないでいる。

君たちがもし、よく念々の求め心を捨て去るなら、即座に祖仏と同じ境地の者である。修行者が自らを信じ切れないから、外に向かって求めようとするのだ。たとえ求め得ることがあったとしても、外から得たものはすべて他人の説いた文字に過ぎない。活きた祖師の心ではないのだ」と（『臨済録』示衆）。

これはどういうことか。悟りを求めようとする、その求め心こそ真正の境地を悟れない一番の原因だというのである。いったい求めようともしないで、どうして道を得ることができるのか。欲しい物があって、何とかしてそれを手に入れようと努めるから、我が物にすることもできる。求めなければ永遠に我が物とならないではないか。そう思うのが一般の常識だろう。

臨済禅師は一般常識と異なる非常識を述べたのだろうか。実はその通りなのである。悟るとは、非常識を悟ることをいったのである。

ふつう、すでに持っている物を求める者はいない。己は持っていないと思うから、それを求めたいと願う。われわれがつねに新たな物を求めて止まないのは、物を新たにすれば己自身も新たにされるように予感されるからである。すでに持っている物では己を清新にさせない。人生を停滞させて退屈させる。それで、何か新たな未知の物で、己自身を新鮮な気持ちにさせたい。内心のこんな欲求が、つねに新たな物を求めさせてきた。つまり、現在に持っている物では心が停滞して、生きがいも感じられなくている。何か新たな物を得れば、心も新鮮になるのではないか。そんな風に予感されるものだから、我々はいつも新たな物を求めて止まないでいる。

問題は物を得ることではなく、心を清新な境地にさせたいのである。ただその方法がよく分からないから、取りあえずは新たな物に向かうことで、心を充たそうとしてきた。ところが、苦心して欲しい物を得ても、どこかに不安が残るのである。物を得れば心が喜ぶように思ったのに、物だけでは充たされない心が残る。それでまた、別の新たな物を求めないでは済まないでいる。もっとも当然なことで、心は物ではないからである。

しかし、なぜわれわれは心の清新さを願うのだろうか。心は瞬時も休みなく新たになることで、働いてきたものだからである。心の働きようは、一度も古くなったことがない。過去にも現在にも未来にも、刹那にも止まらないで、即今を刻々に新たにしては、われわれを生きたものに為してきた。心の働きが刹那も止まれば、身体も瞬時に死ぬ。その事実が内心に予感されるものだから、われわれは日々、新しさに向かわざるを得ないのである。

ところで、生きることはまた、死に向かうことでもある。死は何十年か後に、徐々にやってくるというようなものではない。明日にも出会うかも知れないものである。われわれはそれがいつなのかを、ついに知ることができないでいる。物を新たにして止まない働きは、結局、日々に死への道を新たにしている働きでもある。物が新たにされることで、心も喜んできたのに、その物を新たにする働きが、また我が身を死に向かわせる元の力になっている。

生を新たにすることが死も新たにしてきたのである。まさに生死は一如になって、我を在らしめている。そのことが、われわれの人生をいつも、根本のところで不安にさせてきた。心はいつも生と死のあいだで揺れ動いて、少しも安らがないでいる。どうしたらこの不安から逃れられるのか。その方法が分からない。それでだれも、こんな分からない心につきあうより、今は目先の物に向かうことで、内心の不安を忘れることにしてきたのである。

人生に疑いを持ったり、心に不安を感じたり、思い通りにならぬ環境の中で苦しんだりするのも、物を得れば心が新たにされて、人生が充実するように錯覚してきたことに拠る。

臨済禅師が「求め心を去れ」といったのも、求め心の錯覚を知悉してきたからである。古来、禅の祖師方は、みな求め心を去り尽くして、始めて生きることの安心を得てきたのである。

暗黒の中で、空っぽを悟る

徳山宣鑑《とくさんせんかん》禅師（?〜八六五）は、『金剛般若経』を講じさせれば天下第一と自負する者で、著名な宗教者を訪ねては問答してきた。彼の見識に対抗できるような者はいなかったが、ある時、龍潭《りょうたん》というすぐれた禅僧がいることを聞いて訪ねていった。

近くまで来たとき、軽い食事をしようと思って茶店に寄った。餅を注文すると、婆さんが出てきて、徳山が背負っていた荷を下ろすのを見ると訊いた。

「それは何かね」

「うん、これは『金剛経』という仏教の経典を、私が注釈したものだ」

「そうかね。『金剛経』なら、そのなかに《過去心も不可得、現在心も不可得、未来心も不可得（過去の心も得ることができぬ、現在の心も得ることができぬ、未来の心も得ることができぬ）》という語があるが、さてお坊さんは、どの心で餅を食べるつもりかね」

徳山は驚いた。『金剛経』を餅を食べることで解釈したことはなかったからである。しかし、何か本心のところでは、婆さんに真実を突かれたような気がしたのである。そこで、心が茫然としたまま寺に着いた。

さて龍譚に会ってみると、そこら辺にどこにでもいそうな、ただの和尚だった。特別に勝れた学識があるようにも見えない。仏教の深い境地を悟った者のようにも思われない。はるばる訪ねてきたのに無駄足だったと、内心はがっかりしたが、それでも一応は問うてみようと思った。

「久しく龍潭という名を耳にしてきたのに、来てみれば潭（深い湖水）もないし、龍も現れないようですね。（深い学識も悟りの知恵も持っていないではないか）」と。

　すると龍潭が答えた。

「君はもう親しく龍にも潭にも出会っているのに、気づかないのかね」

　徳山は、その言葉に黙ってしまった。こんな的外れなことをいう和尚を相手にしたことがなかった。そこで、すぐに去ろうとした。ところが龍潭は、彼を止めていう。

「まあ、そんなに急がないで、しばらく泊まっていったらどうか」

　徳山は泊まることにした。婆さんの一言は、この和尚の影響であろうと思われたからである。そして、数日のあいだ泊まって和尚を観察していた。

　ある夜、龍潭の説法が終わって、雲水（修行僧）たちは僧房に帰ったのに、徳山だけは残っていた。説法のなかに引っかかる言葉があった。坐禅しながら、そのことを考え込んでいると、それを見た龍潭が訊いた。

「どうして帰らないのかね」

　ハッと気づいた徳山が、周囲を見まわすと、外は真っ暗になっている。

「外は闇です。灯りを貸していただけませんか」

　龍潭は手燭《てしょく》に火をつけて持ってきた。龍譚が手渡すと、徳山は受け取ろうとした。そのとき、急に龍潭が火を吹き消した。とたんに徳山は悟ることがあった。それで思わず、深々と礼拝したのである（『祖堂集』『景徳伝灯録』）。

徳山は、火が吹き消されるとは、まったく予想していなかった。灯りに照らされた世界が己の見える中にあることに、何の疑いもなかった。それが突然消えた。とたんに思いのいっさいも消えた。だから、思いがまったくない心で、存在自体に直接せずにはおらなかった。そこには、ただ絶対の我があった。否《いや》、我も他もなかった。ただ、何もなくても空っぽのままでいっさいが調っていることに気づかされた。空っぽのままであることが、存在することの原動力だったのである。

『金剛般若経』は、「応《まさ》に住する処なくして、その心を生ず」ということを、さまざまに方便して説いているお経である。心は本来どこにも住《とど》まる処がないからこそ、自由自在に働いているというのである。物が存在することも、その場に刹那も止まらず、刻々に新たにされることで物の相を現している。それは存在の要《かなめ》に、つねに空っぽがあるからだった。

徳山は『金剛般若経』を講釈させては天下一を自認していた。だが『金剛経』の語句や論理に詳通しても、自己の生死の不安が解消されたわけではなかった。語句や論理の究明に懸命になってきたのも、実は、本心のところで不安だったからである。仏教の道理に深く詳通すれば、心の不安も解消されると思っていた。それは、われわれが新たな物を求めることで不安を忘れようとすることと、同じ心だった。高度な論理を学ぶことで得意になったのも、得意にならねば不安が忘れられないからだった。しかし論理が深まるほどに、それが生死の不安と相入れないことも意識されていた。ただそのことは認めたくなかったから、否定する者があると、どんな遠くへも出かけて行って、論破せずにはおられなかった。生涯をかけて究明してきた論理を否定されることは、自己が全否定されるように思われたからである。

徳山の本心は真剣だったのである。そんなとき、禅は語句の解釈や論理を全否定する教えだと聞いた。黙っておられなかった。当時、至るところで禅の流行を聞いていたからである。

龍譚はそんな徳山の不安を、ただ火を吹き消すことで、一気に打ち砕いた。否《いや》、火を吹き消したのではない。徳山の求め心のいっさいを吹き消したのである。

禅は、古来、このようにして悟られてきた。求め心を奪い尽くすことで、かえって存在の真意に直接させてきた。直接した真意が、全宇宙の森羅万象を在らしめる真意と同じだったと気づかされたのは、森羅万象と無縁で存在し得た物は、この宇宙には一つもないことも悟られたからである。

心と物

われわれ人間は、いつも心と物との拘《かか》わり方を通して己が人生の充実を求めてきた者である。ところが、なかなか思い通りに心と物とが調和してくれない。欲しい物を手に入れても、なかなか心底から満足するということには至らない。そんな心と物との不調和に気づいた者が、その不調和の原因を明らかにしたいと願った。どのような心であれば、物と上手に調和できるのだろうか。そう思って、己が心底に問い続けてきた。

「己とは何か」という問いも、そのために起こされた。やがて追及の果てに、心の本性を明らかにする者たちがあった。すると、己がここに存在している根本の動機が明らかにされたのである。それればかりか、この世に現れている万物の存在する動機も明らかになった。そこで始めて、己と物とは元々同じ動機に与《あずか》って現れてきたことが、悟られた。宇宙に生じているいっさいの物は、みな己が存在すると同じ動機によっている。その事実が明瞭に自覚された。

釈尊が悟られたとき、「まあ何と不思議なことだろう。一切衆生はみな仏性を具え持っている」と叫ばれたというのも、この事実を発見されたことによる。

なぜ一切衆生（生きとし生けるものすべて）が存在しているのか。なぜ万物がこの世に現れてくるのか。存在の根本に、無限にいっさいを創造して止まない働き（動機）があるからだった。仏教ではそれを「仏性」と呼んできた。無限の創造性が主体となって、自在に働くことで、いっさいがあるがままに真実にされている。それこそ仏様の働きと思われたのである。

しかし、この無限の創造性の働きの主体「仏性」は、見ることも知ることも捉えることもできないものでなくてはならなかった。仏性に実相があれば、仏性の尊さだけに限定されてしまうからである。いかなる実相も持たない、何ものにも限定されない、まったくの「無」であることこそ、この主体の真意でなくてはならなかった。主体が無相だからこそ、個々を自由自在に創造して、いかなる瞬間にも新たにして止まないでいる。我が心も、この世の万物も、すべてこの無相の主体に促されて現れてきたものである。

古来、この真意を悟った者たちは、この真意がだれにでも悟られる事実と確信された。それで、祖師方はさまざまな道理を尽くして方便し、大衆を真に悟らせようと苦心を重ねてきたのである。

「五蘊」で心の働きを見る

今から二千六百年ほどの昔に、インドの釈迦族の族長の子として生まれたゴータマ・シッダールタが、始めてこの真意を悟った者とされる。以来、ゴータマは「ブッダ」と尊称されることになった。ブッダとは物事の真理を明らかに悟った人という意味である。また釈迦族から出た尊い方という意味もある。それで、「釈尊」「釈迦牟尼世尊」などと尊称されることもある。

ブッダ（漢訳では仏陀）が説かれた教えは、ブッダの滅後にまとめられて、仏教（ブッダの教え）と総称されることになった。

以後、仏教経典として遺されてきたものは、膨大な量になる。従来はそのすべてがブッダの直説されたものとされてきた。昔の創作者は仏典を著しても、著者の名前を記して自分の業績を世に現すようなことはしなかった。それで説かれたものは、みなブッダの説法とされた。しかし、今日では学者たちの研究がすすみ、多くが後世に創作された仏典だということも分かってきた。

そんな仏典の中に、初期のころにまとめられた説法集で、『阿含経《あごん》』という経典がある。初めに「五蘊」と「十二因縁」のことが説かれていて、釈尊がお悟りになるまでにどのように心中を究明されていったか、その過程が詳細に述べられている。

現代のわれわれは、西洋的な哲学が、心の在りようを探ってゆくための一番の学問と思っている。ところが「五蘊」と「十二因縁」を学んでみれば、西洋哲学が成立する以前に、すでに大変高度な心の分析がなされていたことに気づかされる。心と物のかかわり方が存在の根源にまで問われてゆき、ついには人が物を考える働きが何の力に拠っているか、その力の主体者まで問われていった。人の考えをまったく離れたところで存在の根拠が明らかにされねば、いつまでも人の知性に偏った真理しか得られない。そのことに気づかされたからである。

一般に、知性を働かせている主体者を問うことはできない。問えば必ず、問うている者が、己の外から主体者を見たものになる。見たものはもう、内なるものではなくなってしまう。たとえば、物に夢中になっている者は、我を忘れている。だから、己が夢中になっていたことを知るときは、いつも夢中が覚めたときである。そのように、己自身になっているところの主体者は、外から見た認識を離れたところで見出さねば、真実の主体者ではない。どんなに真実の主体者だと説いても、すべて己の識性に限定された、思いの上だけでの主体者にすぎない。

結局、己の認識に限定される以前の主体者自体を、どんなに説こうとしても、説き得ないのである。それで従来は、神や仏の名前を呼ぶことで、説き得ぬ主体者が働いていることを暗示させてきた。仏教はそんな認識のもつ限定を、何としてか超えさせ、われわれが主体者自体に直接することを求めてきた教えである。

さて「五蘊《ごうん》」の「蘊」は、物が集まっている状態をいう語である。「五蘊」とは「色《しき》・受《じゅ》・想《そう》・行《ぎょう》・識《しき》」の五つの集まりをいう。「色」は物質のことである。

われわれは「色（物質）」に出会うと、まずその名前を知ろうとする。名前を知れば物の内容（情報）が分かるように思うからである。釈尊は、われわれが物を分かろうとする、そのときの心の瞬間の働きに、「受・想・行・識」の四段階の心の働きがあると見た。

たとえば、いま目の前に「山（色）」がある。われわれは山を見て、すぐに「山」と思うのではない。まず山自体を心に「受」ける。心に受けなければ、「山」と思わない。そこで山を受けて見ると、その内容を知ろうとする「想」いを起こす。その瞬間に無量の記憶情報の中から、かつて見てきた山々を想い出し、他の山々の情報と比べあい、今見ている山との違いを分別して、その後でやっと、たとえば「あれは筑波山だ」と「識《し》」るのである。

われわれは物に向かうと、瞬間に「五蘊（色・受・想・行・識）」の段階を働かせて、物の実際を確認してきた。心の働きはあまりに瞬間で、このような過程を意識した者はいないと思う。だが、だれの心も「五蘊」の働きを経て、始めて物を確認してきたのである。

十二因縁を見て、存在の根源を悟る

仏教はこんな風に、心の働きの根源を尋ねることで、人間の真実の生き方を諦《あきら》めてきた教えである。「五蘊」は、釈尊が自己究明のなかで見出されたものだが、更には「十二因縁」があることも究明された。心が「五蘊」の過程をもって働くには、その前後に「無明・行・識・名色・六処・触・受・愛・取・有・生・老死」と、十二の因縁（十二の条件と原因）がなくてはならないことに気づかれたからである。

心はいつも、外の縁に従って働いている。外に縁が無ければ、心が働くこともない。外から入ってくる環境や事物の縁（条件）を、われわれは眼・耳・鼻・舌・身（両手・両脚・胴体・頭・皮膚・内臓など、身体の全体）の「五官」で受けて、それを意識上に分別することで、外に生じている状況を知ろうとする。「五蘊」はその意識上の、瞬間の分別過程を五つにまとめて説いたものだが、その過程に至る前の意識の場を、さらに詳細に究明してみると、十二の因縁が働いていた。

たとえば外から何かの音が耳に入ってくる。何の音も入ってこなければ、われわれは音のことを知ることがない。耳はそれぞれの耳が持っている能力に応じて音を受けるだけである。だから同じ音でも、人の耳に受ける音量と、犬の耳が受ける音量とは異なっている。そして受けた音が、何の音かと知るのは、耳ではない。意識で知る。耳が小さな音しか受けていないときは、意識が分別して、たとえば「遠くで響いている鐘の音だ」と知り、床に落ちた「針の音だ」と知る。

外から眼に入ってくる物に対しても同様である。「五蘊」の説明で、山を見たときのことを述べた。眼が山を受けると、それを意識上で分別して「あの山なら富士山だ」などと知る。眼に受ける物が何もないときは、見る意識も働くことがない。鼻や舌や身体に受けた物に対しても、その働きようは同じである。

われわれはつい、我《われ》が思うから、そこに物が知られるように思っている。我が物を思うことで、物を思う我の在ることが自覚されるように思っている。哲学者のデカルトも、「我思う、ゆえに我在り」と述べた。だが、事実はそうではない。まず物が先にあって、我がそれを知ろうとするから「我在り」の自覚になった。「物が在る、ゆえに我在り」なのである。

釈尊は「十二因縁」を説いて、われわれが物を確かめようとして、まず物に我が心を向かわせようとする、その衝動を「行」とした。ではなぜ、物に行かないでは済まないのだろうか。それは人類がこの世に現れて以来、長い時間のなかで生まれ代わり死に代わりしながら積んできた、無量の経験がそのように促すからだ。ただ、その無量の経験はあまりに膨大に蓄積されていて、どの経験と限定できない。それで、「行」を起こす始まりの場を「無明《むみょう》」とした。「無明」とは無知のことをいう。知性でもって捉え得るものではないからである。

さて、われわれの心が物に「行」く（向かう）と、即座にその物を「識《し》」りたいと思う。そのとき「五蘊（色受想行識）」の過程を瞬時に働かせることは、先に述べた。この「五蘊」のことを「十二因縁」では「名色《みょうしき》」という。物（色）を明らかにしようとする心の働きをいった語である。

「名色」が働くときは、必ず物（色）は、眼・耳・鼻・舌・身・意の六官に「触」れている。この六官のことを、ここでは「六処《ろくしょ》」と呼んでいる。実は「六処」に外の物が「触」れると、われわれは物を「受」けようとする。外に物があっても「六処」に「触」れて「受」けなければ、物を識ることがない。たとえば眼は見ていても、物を受けていないことが、われわれにはよくある。交通事故などは、そのために起こる。では、なぜ「受」けるのか。物を受けたいと欲する「我」に執着したからである。この執着を釈尊は「愛」と呼んだ。

「愛こそがすべて」といって、人間関係の至高の美徳のようにいう教えもある。だが仏教では、「愛」は愛着とみてきた。愛することは、「我」が欲への強い執着心になる。だから愛が見失われると「我」も見失って、強い憎悪になることが多い。愛欲が破綻《はたん》して殺人事件を起こした者は、歴史上に数えきれない。仏教は「愛」に強い個我（エゴ）があることを悟って、己のことは微塵も思わず、ただひたすら無心に相手に尽くしてゆく心、「慈悲」を説いてきたのである。

外の物を「受」けると、それを愛して「取」りこもうとするのはなぜかといえば、我が

「生」きて「有」ることを、物を「取」り込むことで確認したいからだ。なぜ「生」きて有ることを確認したいのか。つねに「老死」の在ることが予感されているからである。

われわれは生きている限り、ここに我が「有」ることを意識上に「取」りこんで、確認しないでは済まない。なぜかといえば、生きていると必ず最後には「老死」がやってきて、われわれ自体が消えてしまうことを、よく知っているからである。だから、いまここに確かに我が「生」きて「有」ることを、つねに認識していたい。外にある物を明らかに知りたくなるのも、物を知ることで自分の存在が確認されるように思うからである。そのために「六処（眼耳鼻舌身意）」をフル稼働させて、物を識《し》ろうとしてきた。

ではなぜ、心は物を識ることで我を確認（行）しようとするのか。根源に「無明」が働くからだった。「無明」は、人類が過去に積んできたいっさいの経験が蓄積されてきた場である。

人は生まれるとすぐに、目前の物との調和を計ろうとしてきた。つねに心と物と一如になることを求めてきた。なぜ一如を求めてきたのかといえば、初めから心と物と別々になったことがないからである。心は物に「触」れることで、心の「有」ることが「識《し》」られ、物は「受」けて心に「取」り入れることで、物の「有」ることが「識」られてきた。そのように、心と物とは最初から一如になってきたのである。物を離れては己もなく、己がなくては物もない。すでに母体にあるときから、母と子がたがいに一如になって調和を保つことで養われてきた者である。だから生まれてからも、自分と他者との調和が保たれていなければ、少しも安心を得ないでいる。

心と物と上手に調和しているときは幸せを感じ、不調和なときは苦痛を感じている。生まれる前から、すでに調和の中で形成されてきた身心だからである。そんな自他を調和させてきた身心の経験が、長い人類の歴史のなかで無量に積み重ねられ蓄積されてきた。その蓄積の場を、「無明」といった。

われわれが心と物との調和を求めて止まないのは、過去無量の経験が積まれた「無明」に拠っている。「無明」の場こそは、人類が生きるための根源の動機になってきたものである。

無明が根源の動機

釈尊は始め、「生きることは苦なり」と見た。人はみな、日々に楽しく生きられることを願うのに、楽しさはいつまでも持続することがない。いつか必ず消えてゆく。「歓楽尽きて、哀感深し」である。だから、楽しさが深いほど苦しみも深くなる。否、むしろ楽しさを求めるが故に、かえって、それが得られぬときの苦しみも深くなってゆく。しかも生きている限りは、老いと病いと死から逃れられない。健康でいつまでも若々しく、元気で長生きしていたい。そう願っているのに、だれも最後は老いて病んで死んでゆく。生きること自体が、初めから無常のなかで営まれている。何という不条理な存在だろうかと思われたのである。

結局、世の中のあらゆる苦しみ迷い、過ちは、みなこの無常に正しく気づかないことに拠る。そう思われたから、この苦しみから逃れる方法を探し求めて、ついには家を捨て、修行の旅に出られた。生きて苦しみの運命に引きずり回されているばかりでは、意味がない。たとえ逃れられぬ苦しみの存在であっても、どこかに自らの心で主体的に安心する道があるに違いない。そう思われたから、さまざまな師について道を問い、苦しい修行に身をさらした。

しかし、師に教えられた道は、師が安心してきたもので、自分が安心する道ではなかった。弟子の喉が渇いているとき、師は水のある場所まで案内することができても、水を飲むのは弟子が飲まねばならない。そのことに気づいて、ついに自らの心で真実安心する場を究明してゆくことになった。

最初に述べたように、われわれはつねに、物を知ることで自己確認しようとしてきた者である。その物の知りようが誤っているから、自己確認が曖昧になり、真に安心する場を見失っている。まずは、心と物のかかわり方を詳細に究明する必要があった。「十二因縁」が究明されたのも、その故である。

釈尊が「十二因縁」の究明で発見されたことは、われわれのどんな思いにも、「我《われ》という実体はない」ということだった。「私が思った」と思う、その思いの源を問い尽くしてみると、確かな実体のある「我」は、どこにもなかった。みな「無明」の場に蓄積された無量の経験が、物に「触」れて「我」という思いにされただけのものだった。いわば影のような実体のない「我」である。物に「触」れても、それに「愛」着して「取」り込まなければ、「我」の思いにはならないものだった。「我」がなければ、物の「取」り込みようがないから、物を認識することもない。そのときは自己の存在も、ただ「無明」の場に帰している。世界中の川が、最後には一つの海に帰ってゆくようにである。

「無明」は過去無量の経験が蓄積された場だから、われわれの個人的な是非善悪の思いに限定されない。哲学者の西田幾多郎博士は、この蓄積された経験を「純粋経験」と呼ばれた。永遠のなかで蓄積されてきた経験が、自他の差別を超えて、つねに余すことなく個々の上にも及んでいる。その妙不可思議を思って名付けたものである。

本来、だれの思いも、その生じる根拠を諦めてみれば、個人的に限定されるような実体はどこにもない。実体があるように思うのは、錯覚である。錯覚なのに、実体があるように思おうとするから、迷い苦しみになってくる。

私は、蛇があまり好きではない。蛇に出会うと、つい足が止まって迷う。なぜ迷うかといえば、子供のとき山道を歩いていて、たくさんの蛇がかたまりになっているのに出会った。そのときの怖い思いが、いまだに残っているからである。なかには怖くない蛇もいるが、大人からいつも「蝮《まむし》には気をつけろ、噛まれたら死ぬぞ」と脅かされてきたものだから、蛇を見るとまずは、蝮かと思ってしまう。しかし、蝮が怖いと思うのは、私だけに限定された思いではないだろう。大人たちが過去無量の経験のなかで蛇を恐れてきた思いが、だれの「無明」にも蓄積されているから、蛇を見ると「怖い」思いになって呼び出された。

しかし、蛇に対する恐れは日本人だけのものではないようで、キリスト教の聖書に、イブが蛇に唆《そそのか》される話が出てくる。中東の人々も同じ恐れの経験が、「無明」の場に蓄積されてきたからだろう。

主体が「無」だから、持続してゆく

「我が思う」といっても、「無明」によらなければ「我」と思うことがないことは、だいたい納得されただろうと思う。では、そんな「無明」の場への蓄積は、何の力によってなされるのだろうか。実はいっさいを生かそうとして止まない生命力によってである。もっとも「十二因縁」では生命力のことはいわない。釈尊のころには、まだ生命という概念がなかったからである。生命という代わりに、「空」といってきた。

現代人は、存在するためには、そこに必ず生命があると知っている。生命は生きとし生けるものを在らしめる、根源のものと思っている。生命の流れは、川の流れが止まらないように、刹那も過去に止まることがない。刻々存在するものを新たに為しゆくことで、生命が生きて働いていることを証している。

われわれは生命が生きて働いているから、我がいまここに生きて在るのだと思っている。しかし生命が生きて在るためには、刻々に死んでいるからだということは、ほとんど知らない。肉体が死ねば、生命も止まるように思っているばかりである。事実はそうではない。つねに生命を即今に死なせることで、つまり刻々に「無」に為すことで、即今に生命を新たに生んできたのである。

「無」は実体がまったく無いことである。無限に空っぽで、いかなる姿かたちも持たないものである。生命もまさに、そんな無性によって働くものだから、ほとんど「無」に似た性質をもっている。それで、物に触れると、即座に触れた物にされる。緑に触れると緑になり、紅に触れると紅になってゆく。無限に空っぽだから、そこにいかなる時間もはさまないで、新たな物に為ってゆく。それ故に、生命の流れは、刹那も止まることがないのである。即今に生じては即今に滅んで、刻々に即今が空っぽにされることで、つねに新たな命になってゆく。刻々に生滅していることが、生命の流れて止まない所以なのである。

この「生滅」、ただ生物だけにあるものではない。この宇宙間に存在している物はみな、刻々の生滅をくり返すことで現成《げんじょう》されてきた。瞬間にも生滅を止めた物は一個もないのである。

もし一個でも生滅を止める物があったなら、即座に全宇宙が止まってしまうからである。

仏教は、この事実を悟ることから始められた。この世に現れているいっさいの物は、瞬間にも実体を止めたことがない。今現れている物の相（姿かたち）は、即座に生じて即座に滅し、その止むことなき連続のなかで相を現してきた。物はみな瞬間の生滅のくり返しで現れた物だから、人知で捉えたときは、すでに無相になっている。それで、古人も物の真相をいうのに、「実相即無相の存在」といってきた。そして、実相を即座に無相になしている働きの主体を、「無」といい「空」といってきたのである。

さて問題は、「無」はどんな生みの働きも持たない無限に空っぽなことなのに、なぜ万物に生滅の連続を為さしめることができるのか、ということだろう。即今に生じて即今に滅しているのが事実なら、滅したとき、今ある実体は消え去ってしまうから、生じたときはまったく別物になって生じないのだろうか。ところが実際は、即座に生じては滅して、つねに新たにされているのに、現れた物の相は同じ相が維持されて現れているように見えるのである。昨日の私も今日の私も、同じ私が持続されているように見えている。どうしてか。実は、そのこと自体が、「無」にまったく働きが無いことの確かな証しなのである。

「無」は、いっさいの物を瞬間に変化させる主体になっているが、「無」自体は、どう変化させようかというような働きを、微塵も具えていない。そんな無為の空っぽだからこそ、触れた物を余さずコピーすることができているのである。

われわれが鏡の前に立つと、即座にわれわれの姿をあるがままに映し出す。これは鏡にどう映そうかという働きがないからである。もし鏡が曇っていたり、鏡面が曲がっていたりすれば、あるがままに映らない。もし鏡に意図的な善し悪しの思いがあれば、映る像も鏡の善し悪しの思いに従って映ってしまうだろう。無論、鏡に善し悪しの思いなどない。映す主体にどう映そうかという計らいは微塵もない。鏡の本性が、まったく無為の空っぽだからこそ、前に立った者をあるがままに映している。そのように、物を即座に生滅させることで、物を変化させて止まないでいる主体、「無」にも、物をどう変化させようかとの働きが、微塵も無い。いかなる働きも持たない「無」だからこそ、あらゆる物を刹那も止めないで新たに生むことができている。

われわれの身体は、約三十七兆個もの細胞で構成されている。かつて六十兆個が定説だったが、現在は新しい学説で三十七兆個の細胞だという。これらの細胞の一々は、みな過去の経験をすべて記憶していて、それらを生滅のたびに新たな細胞にすべてコピーしては、過去の無量の経験と共に新たな経験を付け加えてゆく。だから、まったく新たな相に変化しながら、また同じ相を持続させることができている。われわれは存在している限り、未知の情報に触れてゆかざるを得ない。全過去の情報がコピーされた細胞のうえに、休みなく新たな未知の情報を足し続けている。主体に無為の空っぽが具わっているからこそ、そんな瞬時も滞ることなき働きができている。

心は物を確認することで、心の在ることが自覚されてきた。その物と心のかかわり方を追及して、まずは心に「五蘊（色・受・想・行・識）」の働きがあって物が把握されることが明らかにされた。また心が「五蘊」に働くには、その前後に「十二因縁」があることも究明された。そして十二の因縁が生じるのは、過去無量の経験記憶の蓄積、「無明」があるからだった。では「無明」は何に拠って経験を蓄積してきたのか。何かに拠るようなものはなかった。何かに拠るような実体があれば、その拠る実体の性質に蓄積が左右されてしまう。いかなる拠るべき実体もない、無為の空っぽが主体だからこそ、無量に経験をコピーして止まないできた。器が空っぽでなければ物が容れられないように、自からどんな体験も蓄積されずにはおられないできた。

「無」だからこそ、宇宙間にあるいっさいの物が、つねに新たに創成されている。「無」は存在することの根源の動機だった。この事実を確かに諦めて、古来、仏教者は膨大な哲学体系を創造してきた。現代に、世界の哲学を紹介した本はたくさん出版されているが、その中で仏教哲学に触れたものは少ない。長いあいだ仏教文化の中で暮らしてきた日本人なら、未来世界の人類の為に、仏教の「無（又は空）」の哲学をもって貢献してゆく者があっても良いと思う。かつて鈴木大拙博士が禅の思想を紹介して、世界の哲学界に衝撃を与えたようにである。

付録　般若心経を読む

宗教は本来、深い体験から生まれたものである。それが言葉になったのは、ずっと後のことである。天地のうちに、何かわれわれを生かして止まぬ大いなるものが貫いている。そう直覚されたが、それをどう表現してよいか分からないので、最初はただ、敬虔《けいけん》なる心をもって祈っていたものである。

仏教は、釈尊の自覚によって説きだされたが、初めはインド大陸の東北地方の、狭い範囲での布教だった。それが釈尊の滅後、弟子たちによって多くの地方に布教されるようになると、さまざまな言語で伝えられることになった。そんな中から智慧深き者が出てくると、伝えられた言葉が集められ体系化されて、論理的哲学的に説かれるようになっていった。新たな仏典も多数創られて、それらが今は「八万四千の法門」ともいわれて、膨大な経典群になっている。

なかでも「大般若経」は大部の経典である。「空」の思想を中心にして説かれたものだが、その内容を短くまとめたものが、「般若心経」である。後に中国人によって漢訳され、それが今日では日本人にも親しい経典として、知られることになった。本文は二百六十二文字の短い経典である。だから、内容も構成も粗雑だという学者がある。しかし「大般若経」を読んで、改めて「般若心経」を見直すと、よくこんなに少ない文字で要旨を尽くしたものだと、かえって感嘆させられるのである。

体験に裏打ちされた法理だから、短くても意が尽くされている。それだけに、体験がない者が読むと、よく分からない経典に思われてしまう。短いから簡単に分かるだろうと思って読んだ者は、失望させられる。だが、体験するための具体的な方法までちゃんと説かれてある。だからもし、説かれた通りに実践されるなら、仏教の深甚な道理が、思いもよらず早く手に入ることにもなる。

ほんとうはだれでも、己の体験したことを考えにしている。考えはいつも体験の後に生まれたもので、そんな体験の場には必ず、人類が万年の過去に積んできた無量の経験が連なっている。頭で考えたことは、万年の蓄積経験のなかの、ほんの一部分に過ぎないのである。

もし「般若心経」を、そんな無量の経験智で読まれるなら、だれも「摩訶般若」の智慧に与《あず》からねば、刹那にも存在し得なかったことが、深く納得されるだろう。以後に描き解説をなしたのは、読者が万年に蓄積の智慧をもって、存在の真意を明らかに悟られることを願うからである。

観自在菩薩《かんじざいぼさつ》。行深般若波羅蜜多時《ぎょうじんはんにゃはらみたじ》。照見五蘊皆空《しょうけんごうんかいくう》。度一切苦厄《どいっさいくやく》。

観自在菩薩が深く般若波羅蜜多を行じている時は、五蘊は皆、空と照見されるから、一切の苦厄が度《すく》われてゆく。

【訳】「観自在菩薩が、いっさい衆生が、真実安心して救われてしまうところの深き智慧、

『般若』と一如になられて、衆生と共に働いておられる時は、どんな人の心の不安もすっかり空っぽにされて、すべての苦しみ災いから免れてゆく。」

昔、インドの王舎城《おうしゃじょう》（ラージャグリハ）にある霊鷲山《りょうじゅせん》上で、釈尊が坐禅されて深い三昧《ざんまい》境に入っておられた。そのとき、釈尊の三昧に応じて観自在菩薩が現れ、弟子たちのために法を説かれた。それが、この「般若心経」だという。それで、まず最初に観自在菩薩の三昧境の内容が説き出された。

「観自在菩薩」は「観世音菩薩」のことでもある。古代インドのサンスクリット語（梵語）では、「アヴァローキテーシュヴァラ」という。それを中国は唐の時代に、鳩摩羅什《くまらじゅう》（三四四〜四一三）が「観世音菩薩」と漢訳した。また三蔵法師・玄奘《げんじょう》は、「観自在菩薩」と訳した。われわれが今日唱えている「般若心経」は、玄奘訳のものである。

「菩薩」とは、梵語の「ボーディサットヴァ」を「菩提薩埵《ぼだいさった》」と音訳したものの略語である。「菩提薩埵」は、一切衆生の悩み苦しみを何としてか救い取らんとの深い誓願を起こし、我を忘れて衆生済度のためだけに奔走している者のことをいう。

「観自在菩薩」は、いっさい衆生の悩み苦しみを観ては、自在にその悩み苦しみに応じてこの世に現れ、ひたすら救済のために奔走されている仏様である。

「般若」は「プラジュニャー」の音訳で、「智慧」のこと。「波羅蜜多」は「パーラミター」の音訳で、「彼岸《ひがん》に至る」という意味だという。つまり、完全な安心の境地に到達することをいったものである。

「五蘊《ごうん》」の「蘊」は、物が集まっている状態をいう語で、「五蘊」とは「色《しき》・受《じゅ》・想《そう》・行《ぎょう》・識《しき》」の五つの集まりをいう。「色」は物質のことである。

われわれは「色（物質）」に出会うと、まずその名前を知ろうとする。名前を知れば物の内容（情報）も確認されるように思うからだ。仏教はわれわれが物を確認する、瞬間の心の働きに、「色・受・想・行・識」の五過程の心の働きがあると見てきた。

心の働きはあまりに瞬間で、このような五過程を意識した者はいないだろうが、だれの心も「五蘊」の働きを経なければ、物の在ることを確認し得ないでいる。そこで、「観自在菩薩」が、人々の瞬間の心の働きの五過程を深く照らし見ると、心の働きの本は「空」だと悟られた。そして「度一切苦厄」、だれもがいっさいの苦しみ災厄から救われていることに気づかれた。「度」は、悩み苦しみの世界から、真実救われる世界へ渡ることをいう語である。

迷いの世界から悟りの世界に渡る智慧、「般若波羅蜜多」の心で、心の実体を観察してみると、心の働きの本には「空」が貫いていた。実は、その「空」の心こそ「観自在菩薩」の心だった。だから、この「空」の心を悟れば、そこではいっさいの苦しみ災厄がない。初めからだれも救われている者だったと気づかされた。

舎利子《しゃりし》。色不異空《しきふいくう》。空不異色《くうふいしき》。色即是空《しきそくぜくう》。空即是色《くうそくぜしき》。受想行識《じゅそうぎょうしき》。亦復如是《やくぶにょぜ》。

舎利子、色は空に異ならず、空は色に異ならず。色は即ち是れ空、空は即ち是れ色。受想行識も、亦《ま》復《た》是《かく》の如し。

【訳】「シャーリプトラよ。形ある物は皆、何もない『空っぽ』ということによって存在している。『空っぽ』があるから、物の形を現している。だから、形ある物は『空っぽ』が本性であり、『空っぽ』なことが即座に物となる原因となっている。心が物に対して受・想・行・識と働いて認識する。その在りようも又、『空っぽ』に因《よ》っている。」

霊鷲山上に「観自在菩薩」が現れたとき、最初に弟子の舎利子が質問した。

「菩薩よ。深き般若（智慧）をもって道を完成したいと願う者は、どのように学んだらよろしいのでしょうか」と。

それに答えて観自在菩薩が、説き出された。

「舎利子よ、『色（物）』はそのままで『空』と異ならない。物は皆、何もない『空』によって現れているからだ。『空』だから即座に『色』が現れてくる。物は『空』だからこそ、その形が確かに現れてくるのだ。

　だから、形ある物（色）は即ち『空』が本性であり、『空』であることが即座に物（色）となる原因となっているのだ」と。

「舎利子」は釈尊の高弟の一人で、智慧第一と称されたシャーリプトラのことである。「シャーリー」とは鷺《さぎ》の一種で、眼の大変美しい鳥だという。彼の母がシャーリー鳥のように美しい目をしていたので、その母が産んだ子（プトラ）という意味で、シャーリプトラと名づけられたという。漢訳されて「舎利子」といった。

「色」は、形あるものとして現れるいっさいの物をいう語である。「空」は、実体がまったくない「空っぽ」なことをいう。

「受想行識」は、「五蘊」の「色」を除いたものである。先にも少し述べたが、われわれが物を思うときの瞬間の認識過程をいったものである。われわれは、心に外からの「色（物）」を「受」けると、すぐに何だろうと「想」い、事実を知ろうと物に向かう（「行」）。そこで瞬間に、今までの経験知を記憶のなかから持ち出して、似た物と比べあい、分類が定まると、始めて物を「識《し》」ったと思う。その過程をいったものである。

　たとえば、どこかで鳥の声がした。その声を「受」けると、われわれは即座に何だろうかと「想」い、詳しく知ろうとして、今までの経験の中に探しに「行」く。探した結果、かつて聞いたことのある鳥の声だと、「ああ雀の声か」などと認「識」する。もしかつて一度も経験のない声だったなら、「何の声だろうか」と思う。

実際は見たり聞いたりしても、すぐに物の名前が出てくるわけではない。机を見てもペンを見ても、鳥の声や車の音を聞いても、その名前が思いで確認されるまでには、〇・三秒くらいの時間がかかるという。

われわれが物を認識するとき、その刹那に「色受想行識」の五過程が働いている。その働きが正しく働くから、雀の声を聞いても、正しく雀の声と識《し》ることができている。その五過程の一々に「空っぽ」の働きがある。それで、正しく識ることができている。聞いた音が「受」で止まっても、「想」で滞っても、「行」「識」と働いてこない。働いてこなければ、「色（雀の声）」を認識することもできないで終わる。よく「見て見ず」とか「聞いても聞かず」とかいわれるのは、目や耳は物を受けても、心が「想行識」まで至っていないからである。

認識のもとに正しく「空っぽ」が働いているから、物を正しく受けて誤らない。そこで菩薩も「色は空と異ならず、空は色と異ならず。色は即ち是れ空、空は即ち是れ色」と説き出された。

舎利子《しゃりし》是諸法空相《ぜしょほうくうそう》。不生不滅《ふしょうふめつ》。不垢不浄《ふくふじょう》。不増不減《ふぞうふげん》。

舎利子よ、是れら諸法は空相にして、生ぜず滅せず、垢《よご》れもせず浄《きよ》くもならず、増さず減《へ》らず。

【訳】「シャーリプトラよ。この世に在る諸々の存在（法）は『空っぽ』によって姿かたちを現したものだから、生ずることもなく、滅びることもない。汚れることもなく、浄《きよ》らかになることもない。増えることもなければ、減ることもないのだ。」

「法」はダルマという語の漢訳である。「人間の行為をたもつもの」が原意だという。ここでは「存在するもの」をいう。

「諸の法は空相にして」、すべて存在しているもの「諸法」は「空の相《すがた》」の具体的な現れだから、元々どこにも実体がない「空っぽ」な存在である。「空っぽ」であることが、姿かたちを現すことの原因になっている。

だから物は、生じては即座に滅び、滅びては即座に生じて、刹那も「諸法」に止《とど》まらないで現れてくる。もし一瞬でも生滅（生死）のどちらか一方に止まるなら、もう存在することが終わってしまう。存在することは、即座に生じては即座に死んで、生にも死にも一瞬も止まらないことで成就されてゆく。だから存在することは、生でも死でもないともいえる。生死が互いに空っぽにされることで、諸法を確かに在らしめてきたからである。

万物がみな転々生滅をくり返して、即今に過去を滅却させては、即今に現在を生み出して、過去と未来とのあいだに欠片《かけら》も実相を入れないことで、今を現している。そうすることでまた、いっさいの物を刻々に真っ新《さら》に為してきた。「不生不滅」とは、この事実をいったものである。しかし「不生不滅」の意味はそれだけではない。仏教は、そのように刹那も存続することを止めないでいる、その働きの主体が何者かを問うてきたものである。

万象が転々変化して止《や》むことがないのは、そこに、止めさせない何かの力が働いているに違いない。それはいったい如何なる力なのか。その力の主《ぬし》自体が問われてきたのである。生にも死にも止まらないで、しかも姿かたちもないから、その力の主体は「空っぽ」と見るほかなかった。しかしそう見た者は、さらに問うことになった。その「空っぽ」は、何の力によって「空っぽ」なのだろうかと。

そしてある日、ふと「空っぽであること自体がそのまま、存在することの原動力になっているのだ」と気づかされた。「空っぽ」であることのほかに、別の力が働いているわけではなかった。ほかの力が別にあれば、真の「空っぽ」とはいえない。いかなる働きも、力も、相も無いから、「空っぽ」なのである。そんな「空っぽ」だからこそ、いっさいの物を刻々に生滅させては、刻々に新たにすることができている。昔から存在の真意を見出した者は、だれも、この事実に直《じか》に遭遇させられたのである。

この事実は、ちょうど「時」の在りようと同じだった。時の流れは、かつて一度も止まったことがない。宇宙創成の以前より流れきて、未来永劫にいたるも、ついに止まることがない。「時」の流れはいっさいの物に及んで、いかなる部分からも外れたことがないから、存在すること自体が、そのまま「時」の流れの具体的な現れようなのだ。

われわれ人間が時を二十四時間で数えるのは、太陽を中心として公転自転する地球の運行に拠って限定したからである。それでも正確に二十四時間には限定することができないで、四年に一度はうるう年をつくって軌道修正する。だから、太陽と地球を離れた宇宙空間では、人間の考えるような「時」は、どこにもない。

むろん、「時」が無いわけではない。もし「時」が無ければ、宇宙も存在し得ない。ただ、「時」の流れを計るための、基準とすべき定点を、宇宙空間ではどこにも定めようがないのである。「時」は確かに在るのに、「時」の本性は「空っぽ」で実体がない。だから、すべての物に及んで外れることがない。いっさいの物は、「時」の流れを受けて現れているのに、「時」自体は生じたり滅したりしたことがないから、どんな物に及んでいても、そのことで「時」が汚れたり清くなったりすることがない。増えたり減ったりもしない。「不垢不浄。不増不減」である。

是《ぜ》故空中《こくうちゅう》。無《む》色無受想行識《しきむじゅそうぎょうしき》。無《む》眼耳鼻舌身意《げんにびぜっしんに(い)》。無《む》色声香味触法《しきしょうこうみそくほう》。無《む》眼界乃至《げんかいないし》無《む》意識界《いしきかい》。

是の故に空中には、色も無く受想行識も無く、眼耳鼻舌身意も無く、色声香味触法も無い。眼界乃至意識界も無い。

【訳】「それ故に、『空』の場にあっては、『色（物）』の実体がない。『受想行識』と働く認識の四過程もない。また、『眼耳鼻舌身意（六根）』もない。『色を見て声を聞き香をかぎ、身に触れ意に思う（六境）』働きもない。更には『眼界耳界鼻界舌界身界意界（六界）』という各器官が働く境界にも、皆、実体はない。」

いっさいの物は「空っぽ」を動機とし、「空っぽ」を要因として生じている。その事実から一つとして外れるものがない。物に応じて自在に思いをおこす刹那の認識作用「受想行識」も同じで、どんなにフル稼働しようと、働き自体が「空っぽ」に因《よ》っているから、ついに跡を住《とど》めることがない。

火を燃やすと、あたためられた空気は軽くなって上昇し、去っていった空気のあとが、瞬間、真空になろうとする。地球上では空気中で真空を保つことはできないから、即座に周囲の冷たい空気が動いて、真空の場を埋めようとする。あたたかい空気の上昇と埋めようとする冷たい空気のあいだに、時間差は微塵もない。同時の働きである。

　そのように、空気が地上の温度差を受けて真空が生じようとするとき、空気は風になる。むろん、風が吹くところに真空を見ることはできない。だが、風の生まれたのは、真空になろうとする働きに因《よ》った。風の吹くときは、つねに真空力がかかわっているのである。

　われわれが山を見るとき、眼は山を映す。次にその眼を川に転ずると、眼はすぐに川の流れを映す。そのとき、眼中にさっきまで見ていた山の姿は、どこにも残っていない。それで、ちゃんと川を見ることができている。眼を転じたと同時に山は去って、眼の映す場が、瞬間にゼロにされたからだ。しかし、山から川に眼を転じたとき、そこにゼロを見ることはない。だが山を山と見て、次に川を川と見ることができるのは、映す場にゼロが働いたことには違いない。

　こんな風にかかわっているゼロの働きが、眼だけに及ぶものでないことは、もうお分かりだろう。ゼロの働きにあずかって、耳は正しく音を聞き、鼻は香をかぎ、舌は甘い辛いしょっぱいを味わう。身体は身に触れてくる暑い寒い涼しいなどの外境を、あるがままに受ける。それはまた、外境を受けたとたんに、即、受けた事実を「空っぽ（ゼロ）」にする働きがなされたからである。

　それ故に、「空」が働く元には、「眼も耳も鼻も舌も身も意も実体が無い」と説かれた。

　しかし、こんな風に「空っぽ」の働きを説けば、「空っぽ」に何か実体的な力が秘められているように思う者もあろう。そこが大変難しく、危ういところである。頭で「空っぽ」を理解すると、どうしても「空」に何か実体があるかのように思ってしまう。そう思われたなら、「空」の事実から離れたことに気づかねばならない。思うことと事実とは別々のもので、「空」という事実も思いに捉えられるものではないのである。

「空っぽ」にはいかなる働きもない。だから、「空っぽ」という。では何もないものと思ってよいのか。その思い込みがまた頭脳上の理解で、「空っぽ」の実際を経験した事実ではない。真実とはそういうもので、真実自体を直に説くことはできないのである。説けばもう、人の思いの上だけの真実になってしまう。だから「空っぽ」という真実は、人のどんな思いにも住《とど》まらない。「空っぽ」が思いに住まるはずはないのである。

眼も耳も鼻も舌も身体も意識も、それらの働きに刹那も住まったことがない。「空っぽ」が個々の働きを真っ新《さら》な一瞬に統一させては、即座に滅ぼし、即座に新たな一瞬に統一させてゆく。その働きの止まることは、永遠にない。ただ状況に応じて、あらゆる物を自由自在に生滅させているばかりである。

無《む》無明《むみょう》亦《やく》無《む》無明《むみょう》尽《じん》。乃至《ないし》無《む》老死《ろうし》。亦《やく》無《む》老死《ろうし》尽《じん》。無《む》苦集滅道《くしゅうめつどう》。無《む》智《ち》亦《やく》無《む》得《とく》。以《い》無《む》所得故《しょとくこ》。

無明も無く、亦た無明の尽きることも無い。乃至老死も無く、亦た老死の尽きることも無い。苦集滅道も無い。智も無く亦た得ることも無いのは、所得無きを以ての故なり。

【訳】「『無明』から『老死』に至る十二因縁も、またそれぞれが実体を持たぬ空っぽなことで、互いに縁となり因となっている。『無明』に実体はなく、故に『無明』が尽きてしまうこともない。以下の一々も同様で、『老死』に至るまで実体はないから、『老死』が尽きるということもない。」

「十二因縁」「四聖諦」「五蘊《ごうん》」は、仏教が説かれた初期に展開された概念である。私は仏教の基本的な考えは、ここに尽くされているように思っている。だから「般若心経」を学べば、自ずから仏教の法理が明らかにされる。そのためには、教えの要《かなめ》であるところの、「空」の実際を正しく学ぶ必要がある。

「五蘊」と「十二因縁」のことは、前章の「心と物」のなかで詳しく説いてみた。参照してもらいたいと思う。

「十二因縁」は、老死・生《しょう》・有《う》・取《しゅ》・愛・受《じゅ》・触《そく》・六処《ろくしょ》・名色《みょうしき》・識《しき》・行《ぎょう》・無明の十二項をいった。

釈尊は、人が悩み苦しむ原因は、すべて思いにあると見て、思いが生ずる根源を究めようとされた。「十二因縁」はその、自己究明の思索過程を述べられたものである。

まず、迷い苦しみの思いが生ずるのは、そこに「老死」という現実があるからで、存在するものはみな、ついには滅びゆく定めにある。生まれてすぐに消えゆく泡のような命もあれば、千年万年の時を経て滅びゆく山や岩のような物もある。人間は長くても百年、多くは七十前後で「老死」を得る。災害や事故や病気に会えば、十年の寿命も保ち得ぬことがある。だれも、そんな運命のはかなさを知悉《ちしつ》してきたから、内心に深い不安が生じてきた。

だから無意識にも、生きることにしがみついて、今の「生」を確かな存在「有」に思っていたい。そんな思い込み「取」は、何に因《よ》るのか。「愛」である。己への愛着がある故に、求めて止まぬ心となっている。

なぜ、そんなにも自分に愛着してしまうのか。外界の環境を「受」けては感覚器官に「触」れさせ、眼耳鼻舌身意「六処」を通して、見る聞く嗅《か》ぐ味わう意《おも》う「名色」ことで、物の実体を確かに「識《し》」りたいと思うからだ。なぜ、己の外界にある物を確認したいのか。心はつねに、外の物に向かって「行」こうとする。なぜだろうか。物を明らかに識れば、己自身が確認されるように思うからだ。ではなぜ、己を確認せねば済まないのだろうか。

釈尊はそこに、「無明」があることを見た。思いの生じる大本の働きには、己の思いとは無縁の場があると気づかれた。人間は初めから、物を通して自己確認するように創られている。それは、過去無量の経験を積んできた万年の記憶の場、「無明」がそうさせている。そんな「無明」の働きが元になっているなら、われわれの思いでどうこうすることなど不可能である。

どんなに「我が思い」といっても、思い自体が、「我が思い」を超えた「無明」によって起こされている。ならば、思いを我がものと思うこと自体が、初めから錯覚だったと気づかされた。

この事実に気づかされてより、釈尊はこんどは逆に、「無明」から「老死」までをたどって見直していった。我は「無明」からおこされ、我の個人的な思いとは無縁のまま、「十二因縁」を経て「老死」に至る。すると「十二因縁」の各位も、「空」のゼロに与って、正しく生滅しながら現れていることが、いよいよ明らかに確認された。いっさいの物が「空」によって現れている、この事実を悟ってみれば、「十二因縁」もまた実なき仮りの究明だったのである。

菩《ぼ》提《だい》薩《さっ》埵《た》。依《え》般《はん》若《にゃ》波《は》羅《ら》蜜《み》多《た》故《こ》。心《しん》無《む》罣《けい》礙《げ》。無《む》罣《けい》礙《げ》故《こ》。無《む》有《う》恐《く》怖《ふ》。遠《おん》離《り》一《いっ》切《さい》顛《てん》倒《どう》夢《む》想《そう》。究《く》竟《きょう》涅《ね》槃《はん》。

菩提薩埵も般若波羅蜜多に依る。故に、心に罣礙無し。罣礙無きが故に、恐怖の有ること無く、一切の顛倒夢想を遠く離れて、涅槃を究竟す。

【訳】「菩提薩埵（菩薩）も、得るべき物がどこにもない心で、完《まった》き智慧に安んじておられる。それ故に、菩薩の心を具えたわれわれの心も迷い苦しみに覆われることがなくている。元々心にどんな覆いもないから、恐怖がない。だれも、いっさいの思い違いや物事を反対に見てしまう誤りから遠く離れて、究極の安心境（涅槃）にいる。」

われわれに一点の迷い苦しみもないから、疑うことも恐れることもなくている。真に自由で、どこにも滞る心（罣礙）がない。それは菩薩が、「完成された深き智慧（般若波羅蜜多）によって、空（空っぽ）を行じておられるからだ」というのである。

われわれのどこに、そんな菩薩の智慧が働いているのだろうか。

思いに実体がないことは、「十二因縁」で述べた。だから、菩薩の智慧を思いの上で捉えようとしてはならない。ただ、われわれ自身の、嘘偽りのない真実のところで見出す必要がある。もし人間が嘘ばかりついて、真実が少ない者のように見るなら、思いの上でしか人間を考えたことがないからだと気づかねばならない。

たとえば、動物は嘘をついたことがない。狐や狸はだますようにいわれるが、それは人間の勝手な思いこみが外れたことを、動物の所為《せい》にしているだけである。もし猫が空を飛ぶようなことでもあれば、「お前は嘘つき猫だ」といってよいと思うが、そんな不正直な猫はいない。

山や河や大地にも嘘はない。大自然は与えられた環境をあるがままに受けて、一つとして嘘偽りを行じたことがない。地球自体が宇宙の運行に正直で、宇宙の働きから外れたことがない。されば、そんな嘘のない環境に囲まれて生きる人間だけが、嘘偽りで生きられるはずはない。だれもが、この世に与えられたままを正直に受けて人間になってきたのである。そうでなければ、この地球上に生存することなど、瞬間もできなかっただろう。

われわれの存在に、嘘偽りは微塵もない。ただ、菩薩の「何物も得ることなき智慧」に依って、真実に人間を行じてきた。

もっとも、実際の現実社会では、嘘をつかないと生きられないことが、多々ある。それで、つい嘘をつく。しかし人が嘘をつくのは、己の真実を、他に分からせたいからである。しかし、その方法がよく分からない。それで、つい嘘をついてでも信じさせようとしてしまう。菩薩の智慧に依って、つねに己を真実になそうとする本心が、そうさせている。

一切衆生の思いはみな、菩薩の智慧に依って生じている。だから、菩薩の智慧によってこそ、人はみな安心を得ることができる。この事実を忘れて、わざわざ己を嘘の者になして、他の信頼を得ようとするから、迷い苦しむことになる。己を嘘になしゆく者は、やがては己に行きづまって、死ぬほかに道がなくなってしまうだろう。

実体なき「空っぽ」であることが菩薩の本性である。それ故に、罣礙（縛ったり覆ったりすること）なく自由自在で、不安も恐れもなくている。菩薩の本性は、我が心の本性でもある。菩薩の本性で世の中に向かえば、すべての嘘偽りから遠く離れて、究極の安心境を生きてゆくことになる。

三世《さんぜ》諸仏《しょぶつ》。依《え》般若波羅蜜多故《はんにゃはらみたこ》。得阿耨多羅三藐三菩提《とくあのくたらさんみゃくさんぼだい》。

三世の諸仏も、般若波羅蜜多に依る。故に、阿耨多羅三藐三菩提を得る。

【訳】「過去・現在・未来、永遠のなかで働いている諸々の仏たちも、皆、真実の安心に至る完《まった》き智慧（般若波羅蜜多）に依っておられる。それ故に、阿耨多羅三藐三菩提という、この上もなき平等で正しい自覚を得ている。」

「三世の諸仏」は、過去・現在・未来の三世にわたる、久遠《くおん》の仏のこと。一切衆生を永遠に済度して止まない、無量の仏たちをいったものである。また、われわれの本性のことでもある。「阿耨多羅三藐三菩提」は梵語の音訳で、この上なく正しい平等で正しい悟りという意味だという。「完全なさとり」ということで、「無上正等正覚」と漢訳される。

仏教は、全存在に超越する全能の唯一神を見ない。一切衆生に平等に及んでいる仏のあることは認めるが、その仏を衆生の外において、この世を支配する唯一仏としては見ない。仏教の説く仏はだれにも無量に具わっているものとして自覚されてきたのである。

一切衆生をことごとく真底から安心させようとして、休みもなく勤めているものが仏である。そんな仏だから、一つ二つと数えられるような量ではない。果てなき無上の仏となって働いてきた。一切衆生がそれぞれに安心を願って生きる、その願いのあるところにはみな平等に仏が現れて、それぞれに応じた救済（正しい覚《さと》り）を与えてきたのである。

それはたとえば、空気が全存在に及んで外れる物がないようにである。われわれが住む地球上にあっては、生きとし生けるものはみな、空気がなくては生きられない。空気だけは差別なく一切衆生に及んでいる。だがその空気を使う、その使い方や量は、みなそれぞれに違う。馬や牛が使う量とリスや兎が使う量では、ずいぶん違う。人にあっても、運動中と就寝中とでは違ってくる。老若男女の別によっても、呼吸の仕方は違うだろう。魚などは、水中のわずかな空気を鰓《えら》で吸って生きる。みな空気によって平等に生かされていても、その使い方や量は、個々に差別がある。どれほど差別があるかといえば、数えようがないのである。

そのように仏の一切衆生を安心させようとして止まない働きも、無量である。衆生が安心を願う、その願いの量が無量だからである。無量の願いに応じて、仏はさまざまに姿かたちを変えて現れては、衆生済度に勤めている。だから諸仏といい、過去・現在・未来にわたって永遠に済度に勤めているものだから、「三世の諸仏」と呼んだ。

いったい諸仏は、われわれのどこに現れて済度に勤めているのか。われわれが真実安心する場に現れて勤めている。実は仏は、われわれの真実安心する場を正しく悟ることで、仏になってきたものなのである。だから仏は、つねにわれわれの心の、正等正覚の場に直接して、真実安心することを促して止まないでいる。

われわれが日々に安心を願って止まないのも、安心して在ることが、心自体の本性だからである。本性にないものを、願うことはないのである。物を求めたい思いが執着となって、欲しい物が得られないとき、われわれを迷わせたり苦しませたりする。このことも、物を欲しているようで、実は物を欲しているわけではない。欲しい物を得れば、心が安心するように感じられているだけである。だから、いつも得た物に飽きて、新たな物を欲して止まないでいる。心に安心を得ない限りは、求め心も止まないのである。本性に真実の安心に至る仏の智慧（般若波羅蜜多）が働いている証拠である。

故知《こち》般若波羅蜜多《はんにゃはらみた》。是《ぜ》大神呪《だいじんしゅ》。是大明呪《ぜだいみょうしゅ》。是《ぜ》無上呪《むじょうしゅ》。是《ぜ》無等等呪《むとうどうしゅ》。能除一切苦《のうじょいっさいく》。真実不虚《しんじつふこ》。

故に知る。般若波羅蜜多は是れ大神呪なり。是れ大明呪なり。是れ無上呪なり。是れ無等々呪なり。能く一切の苦を除くこと、真実にして虚ならず。

【訳】「だから知る。般若波羅蜜多は大いなる神の真言であり、大いなる光明の真言であり、無比の真言であり、絶対平等の真言である。よく一切の苦しみを除いて、真実にして偽りなきものである。」

「大神呪《だいじんしゅ》」は、広大無辺の徳を現す神変不可思議な呪《じゅ》だという。「呪」はダラニの訳語で、呪文（祈りの言文）のこと。また「総持《そうじ》」と漢訳され、いっさいの不可思議を持《たも》つ力がある言葉だという。

「般若心経」の解説本は、仏教書としてはもっとも多く出版されている。少しでも仏教に興味がある者は、まずは「般若心経」の解説本から読み始めるだろう。しかし私は、多くの人から「結局、どれを読んでもさっぱり分からない」と聞かされてきた。たぶん、私の解釈をここまで読まれた人も、同じ感想をもたれたことだろうと思う。

そう思うのも当然で、「般若心経」を理解する鍵は、実に、この「呪」にあることを悟らないからである。「大神呪」「大明呪」「無上呪」「無等々呪」と説かれた言葉の意味が、体験的に悟られるのでなければ、どんな解説本を読んでも、頭だけの理解に終わってしまうのである。

「般若心経」は、人々が真実の安心を得るためには、これ以上の智慧はないと確信した者が、できるだけ要点を集約させて説いたものである。全部で二百六十二文字の短い経典だから、分かりやすく説かれてはいない。しかし、実際に「般若波羅蜜多」（真に安心に至る智慧）に依って、真意を悟ろうと思えば、これほど要点を尽くして説かれた経典もないのである。

悟るための鍵は、この「呪」である。具体的には「羯諦、羯諦、波羅羯諦……」の「呪」を唱えることである。この「呪」は、「羯諦、羯諦」という言葉だけのものではない。いっさいの物がこの世に相《すがた》を現している、その一々はみな仏の祈り（呪）の具体なのである。

昔、二宮尊徳が十七、八歳のころ、坂東三十三観音霊場の第五番札所、勝福寺に参拝すると、旅の僧が仏前で「観音経」を読んでいた。それを聞いたとたんに歓喜を得たという。僧は「観音経」を漢音で読まず、日本語に訓読したものを読んでいた。それで、お経の意味がハッキリと悟られて、尊徳の心を開いた。そのときの体験が、後にこんな歌になって詠まれた。

音もなく香もなくつねに天地《あめつち》は欠かさぬ経をくり返しつつ

音もなく香もなく、見ることもできぬものだが、天地の始まる前から今日まで、欠かすことなく生かそうとしてきたものがある。それこそ、天地が書いてきた真実のお経ではないかと。仏典に説かれていることも、この事実を述べているばかりである。仏典の言葉をどんなにたくさん覚えても、この天地の経が読まれねば、絵に描いた餅であろう。

「般若心経」は、そんな天地の書かざる経を集約して、「羯諦、羯諦、波羅羯諦……」の「呪」として掲げた。そしてこの「呪」こそは、大いなる神威の不思議（大神呪）で、命の大光明（大明呪）、他に比類なき祈り（無上呪）、絶対平等の祈り（無等等呪）だと讃えたのである。くり返しこの「呪」を唱える者は、自ずから苦悩や怖れが除かれ、嘘偽りなき真実の己に出会うことになるだろう。

故《こ》説《せつ》般若《はんにゃ》波《は》羅《ら》蜜《み》多《た》呪《しゅ》。即《そく》説《せつ》呪《しゅ》曰《わつ》。羯諦《ぎゃてい》羯諦《ぎゃてい》。波《は》羅《ら》羯諦《ぎゃてい》。波《は》羅《ら》僧《そう》羯諦《ぎゃてい》。菩提《ぼうじ》娑《そ》婆《わ》訶《か》。

故に般若波羅蜜多の呪を説く。即ち呪を説いて曰く。羯諦羯諦。波羅羯諦。波羅僧羯諦。菩提娑婆訶。

【訳】「般若波羅蜜多の呪（真言）とは、まさにそのようなもので、唱うれば必ずいっさいの苦を除くことができる。それでは、その呪をここに説いておこう。ギャーテー、ギャーテー、ハーラーギャーテー、ハラソーギャーテー、ボージーソワカ。」

「羯諦羯諦、波羅羯諦、波羅僧羯諦、菩提娑婆訶」は梵語（サンスクリット語）の漢訳であるが、むかしの俗語的な語で、正確な訳はできないという。だから漢訳するときも、音だけを写して翻訳しないことにした。

もっとも、この呪をくり返し唱えていると、この音だけで充分に「般若心経」の真意が知られてくるのである。唱えていれば、自ずから、万象の一々が、みな仏の呪（祈り）の具体的現れだったと納得されてくるからである。

試みに「ギャーテー、ギャーテー……」と、千回二千回、一万回二万回もくり返し唱えてみるとよい。むしろ、意味の分からぬ呪の方が三昧になりやすいことが、すぐに肯けるだろう。

以前、仏教学者の平川彰博士の著書で、こんな話を読んだことがあった。博士は学生時代にノイローゼのようになって、鬱々《うつうつ》と悩んでいた。そのとき、虚空蔵菩薩《こくうぞうぼさつ》の真言（呪）を唱えることをすすめる人があった。それで毎日くり返し唱えていたら、いつの間にかノイローゼが消えてしまったというのである。

虚空蔵菩薩の真言は、「ノウボー、アキャシャキャラバヤ、オンアリ、キャーマリボリ、ソワカ」という。平安時代の昔、弘法大師空海がこの真言を何百万回も唱えて悟りを開かれたと伝えられるものである。記憶力を高めるためにも大変効果のある真言だというので、私も暇さえあれば唱えていたことがある。

江戸時代の白隠禅師は「延命十句観音経」を、くり返し唱えることをすすめられた。西田幾多郎博士が参禅した雪門禅師は、いつも「摩訶般若波羅蜜《もこほじゃほろみ》」を唱えて、三昧を養われたという。「羯諦」の呪も、そんな風にくり返し唱える言葉である。ただし、呪文の言葉に特殊な仏力が具わっているなどと考えてはならない。呪文に力が秘められているわけではない。唱える者に始めから般若波羅蜜多（完成された智慧）が具わっているから、唱えて三昧になると雑念妄想がなくなり、本性の仏心が自ずから現れてくるのである。

即今即今、ただ唱える語に成り切り、唱える音に成り切って、そこに功徳の有無や、損得善悪の思いを刹那も入れないで唱えてゆく。いっさいの思いをバッサリ払い去って、ただ「ギャーテー、ギャーテー……」と、くり返し唱えてゆくのである。

「ギャーテー」のくり返しで三昧になってゆくと、「我れ在り」の思いが希薄になり、やがて自他の差別がなくなってしまう。物に確かに相対しているのに、こちらはガラスを通したように「空っぽ」で、世界が己の影のように一如になって従ってくる。初めて、山河や他の生き物たちもみな、このように天地と関わっていたのかと知らされるのである。

この呪は学者の研究で、今は言語の意味にできるだけ近い訳が付されている。いくつか訳例はあるが、おおよそは「往ける者よ、往ける者よ、彼岸に往ける者よ、さとりよ、幸あれ」というような意味だという（中村元・紀野一義訳註『般若心経・金剛般若経』岩波書店より）。

観れば自らに在る菩薩が、真実安心に至る岸（彼岸）で、完《まった》き智慧を深く行じている。そのときは、この世の万象もまた、一々真言となって菩薩の行に参加している。われわれもまた、そんな菩薩の行にあずかっての存在である。菩薩の行は、ただ一切衆生の幸いを願ってのものである。だから「般若心経」の最後に、「彼岸に往ける者よ、幸あれ」と祈って終わった。

おわりに

哲学は従来、知性を尽くして存在の本質を明らめようとしてきたもので、その過程で得たところの道理を、文字にしてできるだけ明確に言い現そうとしてきた。禅はその反対に、不立《ふりゅう》文字《もんじ》・教外別伝《きょうげべつでん》といわれ、文字で言い現すことも教えで伝えることもできない、思慮分別の外にある理《ことわり》を、直《じか》に悟ってゆくものとされてきた。実はそうではない。禅も哲学的な究明の限りを尽くして、文字で言い現そうとしてきたのである。

存在の本質は、実際には文字や言葉で現すことはできない。知性で理解されたことは、知性で理解したことの外に出ないからである。その事に気づいた禅者は、存在その物自体に直接することで、直に存在の本質を悟ろうとしてきた。そして悟った者は、だれも存在の本質を知性だけで理解することの危険を、痛感させられた。だから存在自体には立つべき根拠も何も無いようにいって、不立文字・教外別伝と説いてきたのである。

ところが以後、存在の根拠は何もないのだといって、物に実体の無いことを悟るのが禅だと説く者が、多数現れてきた。そこでまた、今度は文字の限りを尽くして、そのように納得することの誤りを説くことになった。大地がなくては立つことができないように、確かな根拠がなくては、いかなる物も存在し得ないのである。ただ、その根拠を文字で言い現せば、すぐに知性に捉われて、存在自体の事実から離れてしまう。しかし文字に現さなくては、本来の事実を人に伝えることはできない。ではどういえばよいのか。古来、禅者はそのために、苦心惨憺して直に伝える道を方便してきたのである。

この書に著したことも、文字にも言葉にもできないところを、何とか伝えようとしたものである。まことに拙く未熟なものだが、私が半世紀の坐禅体験を通して悟ってきたところを、無い知恵を尽くして言い現してみた。現代では、こんな風に伝える方法もあろうかと思うからである。

内容的には易しくはない。読者も考えることを喜ぶ人に限られるだろう。とても世に流行する本にはならないと思うが、それでも諒とされて出版して下さるという。佼成出版社・黒神直也編集長のご深慮の賜物である。改めてこの場を借りて、御礼申し上げます。

平成三十年五月

無相庵にて

形山睡峰（かたやま・すいほう）

昭和24年、岡山県に生まれる。 昭和48年、京都・花園大学を中退して、東京・中野の高歩院、大森曹玄老師の下で参禅を始める。その後、出宗得度して臨済宗の末僧となる。昭和63年、茨城県出島村（現かすみがうら市）岩坪に菩提禅堂が建立され、堂長に就任。平成19年、かすみがうら市宍倉に「無相庵・菩提禅堂」を開創。庵主として現在に至る。 著書『禅に問う』（大法輪閣刊）『心が動く・一日一話』（佼成出版社刊）『無心という生き方』（ベストブック刊）他。

禅と哲学のあいだ —平等は差別をもって現れる—

2018年5月30日　初版第1刷発行

著　者　形山睡峰
発行者　水野博文
発行所　株式会社佼成出版社
〒166-8535　東京都杉並区和田2-7-1
電話　(03) 5385-2317（編集）
　　　(03) 5385-2323（営業）
URL　https://www.kosei-shuppan.co.jp/

印刷所　小宮山印刷株式会社
製本所　株式会社若林製本工場

ISBN978-4-333-02781-1 C0015